존 파이퍼가
결혼을 앞둔 당신에게

Preparing
for
marriage

PREPARING FOR MARRIAGE
by John Piper

ⓒ 2018 by Desiring God
Originally published in English under the title *Preparing for Marriage*,
Revised and Expanded edition by Cruciform, Minneapolis, MN USA

This Korean edition is translated and used by permission of Cruciform,
Minneapolis, MN USA through rMaeng2, Seoul, Republic of Korea

This Korean Edition ⓒ 2019 by Word of Life Press, Seoul, Republic of Korea

이 한국어판의 저작권은 알맹2 에이전시를 통하여 Cruciform Press사와
독점 계약한 생명의말씀사에 있습니다. 신저작권법에 의하여 한국 내에서
보호받는 저작물이므로 무단 전재와 무단 복제를 금합니다.

존 파이퍼가 결혼을 앞둔 당신에게

ⓒ   2019

2019년 4월 15일 1판 1쇄 발행
2025년 9월 9일   8쇄 발행

펴낸이 | 김창영
펴낸곳 | 생명의말씀사

등록 | 1962. 1. 10. No.300-1962-1
주소 | 서울시 종로구 경희궁1길 6 (03176)
전화 | 02)738-6555(본사) · 02)3159-7979(영업)
팩스 | 02)739-3824(본사) · 080-022-8585(영업)

기획편집 | 구자섭, 유영란
디자인 | 조현진, 윤보람
인쇄 | 예원프린팅
제본 | 보경문화사

ISBN 978-89-04-14148-7 (03230)

저작권자의 허락 없이 이 책의 일부 또는 전체를
무단 복제, 전재, 발췌하면 저작권법에 의해 처벌을 받습니다.

존 파이퍼가 결혼을 앞둔 당신에게

Preparing for marriage

존 파이퍼 지음 | 박상은 옮김

생명의말씀사

 추천의 글

마침 주례를 앞두고 있던 차에 이 책을 받아 보았습니다. 참 다행이다 싶었습니다. 새로워서가 아니라 반드시 짚어야 할 것들을 잘 담고 있었기 때문입니다. 결혼 안에 담긴 언약적 의미, 사랑 안에 담긴 십자가의 의미, 행복 안에 담긴 거룩의 의미, 무엇보다도 우리의 기쁨보다 하나님의 영광을 추구하는 것이 결혼의 의미를 성취하는 길임을 잘 설명하고 있습니다. 결혼을 준비하는 분들에게, 결혼 준비를 돕고 싶은 교회에게, 결혼 생활을 돌아보기 원하는 분들에게 참 고마운 책이 될 것입니다.

_박대영 (광주소명교회 책임목사, 「묵상과설교」 편집장)

결혼에 대해 고민하며 목회자를 찾아오는 청년들과 만나고는 합니다. 하지만 저 자신도 젊은 부부로서 좌충우돌하는 중이기에 조언을 주기 어려울 때가 많습니다. 이제 추천할 책이 생겨 기쁩니다. '존경하는 어른'과 만나 상담하는 자리라고 생각하며 읽다 보면, 하나님께서 결혼 생활을 통해 무엇을 원하시는지 깨닫고 실질적인 도움을 얻을 것입니다. 특별히 존 파이퍼 목사님의 6가지 조언과 부록에 있는 '결혼을 준비하며 점검할 질문들'에 관해 대화를 나누어 보십시오. '겸손하고 친절하게 서로를 이해하는 법'을 배우고, '함께 성경을 붙잡고 씨름하는 가정'을 이루게 될 것입니다. 이 책을 통해 결혼식이 아닌 결혼 생활을 준비하는 청년들과, 다툼을 멈추고 대화를 시작하는 신혼부부가 많아지기를 기대합니다.

_이광희(100주년기념교회 청년교구 담당목사)

성경은 결혼 이야기로 시작해서 결혼 이야기로 끝납니다. 천지창조의 클라이맥스는 하나님이 남자와 여자를 창조하시고 둘을 하나로 만드신 결혼입니다. 요한계시록 21장에는 하나님이 준비하신 새 하늘과 새 땅이 마치 신랑이 신부를 위하여 단장한 것 같다고 했습니다. 그만큼 결혼은 중요하고 의미가 있는 특별한 제도입니다. 존 파이퍼 목사님께서 결혼을 앞둔 커플에게 6가지 성경적 조언을 전하는 책을 출간하셨습니다. 이 책은 하나님께서 생각하시는 결혼에 대해 깊이 이해하고 성경적 가정을 이루는 데 도움을 줄 것입니다.

_이재훈(온누리교회 목사, 두란노바이블칼리지 학장)

들어가는 글 결혼, 그 새로운 출발

특별한 누군가를 안다는 것은 무엇일까요? 아마도 그의 가족과 친구들, 그가 좋아하는 운동과 취미, 그의 성장 과정과 장래 희망 등을 아는 것이 그 시작일 것입니다. 그리고 결혼을 약속한 상대만큼 인생에서 특별한 사람도 없지요. 그러기에 두 사람은 중요하고 사소한 온갖 것을 물으며 서로를 특별히 알아 갈 것입니다. 인생에서 가장 좋았던 순간과 가장 힘들었던 순간, 가장 밝았던 시기와 가장 암울했던 시기를 나누며 말이지요. 이 책을 읽는 두 분 또한 그러시리라 생각됩니다.

그렇다면, 두 분께 이렇게 질문하고 싶습니다. 하나님에 대해서는 얼마나 이야기를 나누시나요? 두 분의 관계에서 하나님은 어떤 역할을 하시나요? 각자 하나님에 대해 무엇을 믿고, 결혼에 대한 하나님의 꿈을 어떻게 이해하시나요?

웹사이트 "디자이어링 갓"(www.desiringGod.org)에는 존 파이퍼 목사님이 결혼을 준비하는 커플들을 위해 모아 놓은 질문들이 있습니다(그 최신 버전이 부록 2에 나옵니다). 친구와 여가 시간, 생활, 자녀 등에 관한 이 질문들은 삶의 중요한 문제들을 이해하려는 사람들에게 많은 도움을 주었습니다.

여기에는 또한 결혼을 준비하는 커플들이 쉽게 고민을 미루는, 하지만 정말은 먼저 고민해야 할 질문들이 있습니다. 바로 신앙적 관점, 예배와 헌신, 남편과 아내의 역할 등에 대한 질문입니다. 경험이 풍부한 목사이자 신중한 사색가이며 신실한 신학자이자 50년간 결혼 생활을 해 온 한 남편인 존 파이퍼 목사님의 시각은 결혼을 준비하거나 고민하는 분들에게 큰 도움이 될 것입니다.

존 파이퍼 목사님은 이 질문들 외에도 두 분께 전하고 싶은 이야기가 있습니다. 앞으로 읽게 될 6개 메시지가 그것입니다. 두 분의 결혼이 바른 토대 위에 서기 바라는 존 파이퍼 목사님의 진심 어린 조언에 귀를 귀울여 보십시오.

1장은 결혼을 준비하는 기간에 대한 조언입니다. 그리고 2장은 결혼식 계획과 비용에 대해, 3장은 남편과 아내가 서로 보완하는 아름다운 관계에 대해 성경이 가르치는 귀중한 지침을 담았습니다.

4장은 부부 관계에 대한 조언입니다(곧바로 4장부터 펼칠 분도 있을 것입니다. 그래도 괜찮습니다. 시간이 날 때 나머지 부분을 읽으십시오). 부부 관계에는 잠재적인 기쁨도, 잠재적인 고통도 너무나 많습니다. 결혼을 준비하는 동안 부부 관계에 대해 깊이 생각하고 솔직한 대화를 나누십시오.

5장은 결혼이 사방에서 공격을 당하는 오늘날, 결혼을 소중히 하는 삶에 대해 이야기합니다. 6장은 존 파이퍼 목사님이 결혼에 대해 가장 중요하게 생각하는 메시지입니다. 결혼이 무엇이고, 하나님이 결혼을 왜 만드셨는지, 그 영광스럽고 진실한, 삶을 변화시키는 비전에 대해 이야기합니다.

부록 1은 부부가 함께 이루어야 할 사명을 다룹니다. 결혼도 사명을 위한 것입니다. 여기서는 특히 '환대'에 초점을 맞추었는데, 더 알고 싶다면, 『결혼 신학』(*This Momentary Marriage: A Parable of Permanence*)을 참고하십시오. 결혼을 준비하는 두 사람이 함께하는 사역에 대해 이야기하는 일은 꼭 필요합니다.

마지막으로 부록 2는 서두에서 말한, 결혼 준비를 할 때 물어야 할 질문들이 나옵니다.

결혼은 인륜대사(人倫大事)입니다. 결혼을 준비하는 일은 결코 사소하지 않습니다. 결혼은 이미 바쁜 삶에 추가되는 무엇이 아닙니다. 결혼은 전적으로 새로운 출발입니다. 그러니 결혼에 앞서 자신의 신념을 살펴보고, 우선순위를 점검하고, 자신이 생각하는 정상적인 삶이 무엇인지 고민해 보십시오. 시간을 들여 어려운 문제들에 대한 답을 열심히 생각하는 것은 가치 있는 일입니다.

두 분이 삶의 가장 중요한 문제들에 대한 서로의 생각을 더욱 잘 알게 되기를, 두 분의 삶에 대한 하나님의 인도하심을 보다 잘 알게 되기를 바랍니다.

결혼을 앞둔 두 분의 기쁨과,

다른 사람들의 유익과,

교회의 신랑이신 그리스도의 영광을 위해.

디자이어링 갓 편집장
데이비드 마티스(David Mathis)

■ 이 책을 교환 일기처럼 활용해 보세요.

1. 순서를 정해 예비부부 중 한 분이 한 챕터를 먼저 읽습니다.
2. 읽은 내용을 생각하며, 챕터 끝에 있는 메모장에 마음을 담은 메시지를 남긴 후 상대에게 책을 전합니다.
3. 책을 받았으면 같은 챕터를 읽은 다음, 상대가 남긴 메시지를 읽습니다. 마찬가지로 전하고 싶은 메시지를 남깁니다.
4. 두 분이 모여 서로에게 남긴 메시지를 보고 그 챕터에 대한 이야기를 나눕니다.
5. 부록 2 〈결혼을 준비하며 점검할 질문들〉을 보며 서로의 생각을 정리합니다.
6. 그 밖에 필요한 결혼 준비 목록을 정리하며 서로 할 일을 점검합니다.

차례

04
추천의 글

06
들어가는 글 _ 데이비드 마티스

13
1장 결혼 준비는 결혼식 준비가 아닙니다

21
2장 결혼식에 큰돈을 들이지 마십시오

31
3장 그리스도처럼, 교회처럼 섬기십시오

49
4장 믿음 안에서 부부 관계를 즐거워하십시오

73
5장 당신의 결혼은 하나님께 소중합니다

97
6장 서로를 더 많이, 더 적게 사랑하십시오

119
부록 1. 보다 더 중요하고 영원한 가족

135
부록 2. 결혼을 준비하며 점검할 질문들

 'Ask Pastor John' 987회 "Don't Waste Your Engagement"로 연결 됩니다.

1장

결혼 준비는 결혼식 준비가 아닙니다

"목사님. 저는 정확히 100일 후에 결혼을 합니다. 그리스도께서 교회를 사랑하신 것처럼 한 여인을 사랑하는 역할을 맡게 되어 설렙니다. 그러나 결혼식이 가까워 올수록, 아내를 잘 사랑하는 남편이 되려면 지혜와 도움이 더 필요하다고 느낍니다. 결혼을 다룬 에피소드를 전부 들어 보겠지만, 더 하실 말씀이 있으신지요? 꼭 생각해 보아야 하지만 이 시기 설렘과 흥분으로 묻지 않게 되는 중요한 질문에는 무엇이 있나요?"

이 장은 신앙에 대한 어려운 질문들에 존 파이퍼 목사님이 답하는 팟캐스트 '존 목사님께 물어보세요'(*Ask Pastor John*) 987회를 간추린 내용입니다.

지금은 어려운 문제들을 나눌 때입니다

결혼을 준비하다 보면 생각지 못한 갈등 상황에 부딪히기도 합니다. 결혼식 준비만으로도 벅찬데 갈등에서 이어지는 다툼이 괴로워 적당히 문제를 회피하는 분들도 있습니다. 그러나 지금이 그런 문제들을 논의할 때입니다. 미리 이야기했어야 할 일들을 결혼 후에 떠올린다면, 훨씬 더 힘들고 고통스러울 것입니다.

결혼 전, 보다 많은 문제들에 대해 대화를 나누십시오. '이 문제를 다룰 보다 적절한 때가 오겠지.'라고 생각한다면, 오산입니다. 준비 기간이 평화로워야 결혼 생활이 평화로울 거란 생각으로 갈등을 회피한다면, 잘못되어도 한참 잘못된 생각입니다. 교제 기간, 결혼 준비 기간이 있는 것은 미처 몰랐던 서로의 생각과 신념, 느낌, 행동 등을 최대한 알아가기 위해서입니다. 둘 사이에 비밀이 없도록 하십시오. 결혼은 서로에 대한 무지가 아닌 신뢰에 기초해야 합니다. 물론, 대화를 하다 보면 의견 충돌이 있을 수 있습니다. 그렇더라도 대화를 피하지 마십시오.

영적인 대화를 나누십시오

그리고 지금은 영적인 문제들을 조율할 더없이 좋은 때입니다. 두 분이 함께 성경을 읽으십시오. 영적인 문제와 관련한 모든 것에 대해 함께 기도하고, 생각하고, 공부하고, 대화하십시오. 서로 같은 신앙적 관점을 갖도록 하십시오.

이 일은 억지로 밀어붙이거나, 부수적인 문제로 여기고 미룰 것이 아닙니다. 결혼한 두 분이 그 원대한 목적을 위해 함께 나아가려 한다면(이것이 바로 결혼이 존재하는 이유입니다), 같은 방향으로 나아가야 합니다. 다시 말해, 같은 방식으로 하나님과 그리스도와 성령님을 보아야 합니다. 믿음과 사랑, 구원, 천국과 지옥, 사탄과 죄, 거룩과 순종 등 이 모두에 대해 본질적으로 같은 시각을 가져야 합니다.

영적인 문제에 있어 서로 다른 방향으로 움직인다면, 결혼 생활이 매우 고통스러울 것입니다. 더 나쁘게는 영적인 대화를 하지 않을 것입니다. 그러므로 결혼 준비 기간 영적인 삶의 모든 차원에서 서로를 더욱 깊이 알아 가십시오.

개인적으로 하나님과 교제하십시오

무엇보다도 예수님을 향한 각자의 믿음, 기쁨, 소망, 순종이 결혼이 지속되고 번창하는 기반입니다. 영적인 문제 때문에 결혼 생활이 파탄 나는 경우를 많이 보았습니다. 부부 중 한 명 혹은 둘 다가 예수님에게서 멀어진다면, 평범한 갈등을 다룰 영적 자원이 사라질 것입니다.

결혼 생활을 더욱 견고하게 하는 것은 부부가 '함께' 하는 무엇이 아닙니다. 과장처럼 들리겠지만, 그보다 훨씬 더 중요한 것이 있습니다. 바로 두 사람이 '떨어져서' 각자 예수님을 만나고 거듭거듭 자신을 예수님께 드림으로써 깊은 만족감을 경험하는 것입니다.

다시 말해 부부가 서로 떨어져서 개인적으로 그리스도를 만나야 합니다. 각 사람이 그리스도와 개인적인 교제를 가지며 그 심오한 만족감을 누릴 때, 결혼이 오래갑니다. 오래갈 뿐 아니라 기쁨과 결실을 얻고 번창합니다.

사랑과 배려를 표현하십시오

끝으로, 특히 예비 신랑에게 당부하고픈 것이 있습니다. 아내가 당신의 사랑을 알거나 느낀다고 지레짐작하지 마십시오. 날마다 사랑한다고 말하십시오. 오늘 시작해 생이 다할 때까지 계속하십시오. 사랑을 전할 새로운 표현을 찾으십시오.

'나는 사랑을 보여 주고 있어. 생계를 책임지고 아내를 보호하는걸.'이라고 생각하십니까? 좋습니다. 그렇게 사랑을 보여 주십시오. 아내가 좋아하는 일을 하십시오. 그러나 행동으로만 말고 말로도 표현하십시오. 아내에게서 느끼는 소중한 감정을 아내 앞에서 말로 표현하는 법을 배우십시오. 기쁨과 고마움, 애정과 찬탄의 표현을 아낌없이 쏟아부으십시오. 오직 아내만을 사랑하겠다는 혼인 서약 때의 그 사랑을 날마다 말로 표현하십시오. 놀라운 행복과 크나큰 기쁨과 영혼의 깊은 유대감을 얻을 것입니다.

결혼을 앞둔 두 분에게 하나님의 축복이 함께하기를!

_____가 _____에게 ♥

_____가 _____에게 ♥

 'Ask Pastor John' 875회 "Weddings: Don't Break the Bank"로 연결됩니다.

2장

결혼식에 큰돈을 들이지 마십시오

"목사님, 최근에 쓰신 글에서 이렇게 말씀하셨지요. '목회자 여러분, 돈이 많이 드는 장례식(그리고 결혼식)이 일반적으로 받아들여지지 않도록 교회 분위기를 이끌어야 합니다.' 미처 생각하지 못한 주제였는데, 짚어 주셔서 감사합니다! 그 글을 읽으며, 호화로운 결혼식에 대해 좀 더 직접적으로 말씀해 주시면 좋겠다는 생각이 들었습니다. 어떻게 하면 '그리스도를 드높이는 소박한 결혼식'을 계획할 수 있을까요?"

이 장은 '존 목사님께 물어보세요'(*Ask Pastor John*) 875회를 간추린 내용입니다.

목사님께 드리는 당부

이 장을 시작하며, 먼저 목사님들께 부탁드리고 싶습니다. 목회자 여러분, 소박함을 중시하는 문화가 세워지도록 가르치고 설교해 주십시오.

오늘날 결혼식을 보면, 화려한 예복과 꽃, 예식장, 음악 그리고 성대한 피로연에 묻혀, 정작 하나님이 결혼 가운데 실제로 행하시는 일들은 그저 들러리에 지나지 않는 듯합니다. 그러나 그리스도인의 결혼식은 사랑하는 두 사람과 신성한 혼인 서약, 그리고 그리스도를 드높이는 결혼의 의미에 초점을 맞추어야 합니다.

저는 결혼식의 기쁨을 깨뜨리려는 것이 아닙니다. 오히려 그 반대입니다. 행복이라는 얕은 우물이 아닌 기쁨이라는 깊은 샘에서 물을 길어 마시십시오. 가난하지만 경건한 자는 대체로 부자보다 더 많은 기쁨을 누립니다.

결혼식 비용과 기쁨 사이에는 아무런 관계가 없습니다. 비용이 많이 들수록 더 번거로우며, 스트레스와 신경 쓸 일이 더 많습니다. 반면 기쁨은 더 적습니다. 결혼식이 성대해야 주님과 신랑 신부에게 영광이 된다고 여겨지지 않도록, 지도자들이 소박한 결혼식 문화를 세우는 데 앞장섰으면 합니다.

신약의 방식을 따르는 결혼 문화

성경을 보면, 구약과 신약의 방식에 차이가 있습니다. 구약은 대체로 "와서 보라!"고 하는 반면, 신약은 "가서 전하라!"고 합니다.

구약에서는 막대한 비용을 들여 성전을 건설하고는 이렇게 말합니다. "와서 보라! 이집트에서부터, 에티오피아에서부터, 땅 끝에서부터 와서 보라! 와서 우리가 건설한 이 웅장한 성전을 보라!" 구약에서는 부가 자주 하나님의 축복의 표시로 여겨집니다.

그러나 예수님이 오심으로 모든 것이 급진적으로 변했습니다. 인자는 머리 둘 곳이 없으셨습니다. 그분은 우리에게 가서 모든 민족을 제자로 삼으라고 하셨습니다(마 8:20, 28:19 참조).

그렇다면 우리가 따라야 할 방식은 무엇일까요? 우리는 신약 시대에 살고 있습니다. 우리가 따르는 기독교는 화려한 건물을 세운 다음, 와서 보라고 하는 종교가 아닙니다.

예수님과 등장한 새 언약은 우리의 자원 사용에 혁신을 가져왔습니다. 이제 우리는 땅이 아닌 하늘에 진짜 보물이 있음을 압니다. 그러기에 지상 명령을 완수하고 이 세상의 상처받은 사람들을 돌보며 최대한 구제하려 합니다.

신약은 천국을 위해 검소한 삶을 살며 부와 사치를 멀리하라고 사정없이 몰아붙입니다. 다음 구절들을 보십시오.

"너희 가난한 자는 복이 있나니 하나님의 나라가 너희 것임이요······ 화 있을진저 너희 부요한 자여 너희는 너희의 위로를 이미 받았도다"(눅 6:20, 24).

"이생의 염려와 재물과 향락에 기운이 막혀 온전히 결실하지 못하는 자요"(눅 8:14).

"인자는 머리 둘 곳이 없도다"(눅 9:58).

"너희를 위하여 보물을 땅에 쌓아 두지 말라 거기는 좀과 동록이 해하며 도둑이 구멍을 뚫고 도둑질하느니라"(마 6:19).

"목숨을 위하여 무엇을 먹을까 무엇을 마실까 몸을 위하여 무엇을 입을까 염려하지 말라 목숨이 음식보다 중하지 아니하며 몸이 의복보다 중하지 아니하냐"(마 6:25).

"너희 소유를 팔아 구제하여 낡아지지 아니하는 배낭을 만들라 곧 하늘에 둔 바 다함이 없는 보물이니"(눅 12:33).

"너희 중의 누구든지 자기의 모든 소유를 버리지 아니하면 능히 내 제자가 되지 못하리라"(눅 14:33).

"재물이 있는 자는 하나님의 나라에 들어가기가 얼마나 어려운지"(눅 18:24).

"가난한 자 같으나 많은 사람을 부요하게 하고 아무 것도 없는 자 같으나 모든 것을 가진 자로다"(고후 6:10).

"우리가 세상에 아무 것도 가지고 온 것이 없으매 또한 아무 것도 가지고 가지 못하리니 우리가 먹을 것과 입을 것이 있은 즉 족한 줄로 알 것이니라"(딤전 6:7-8).

"너희가 갇힌 자를 동정하고 너희 소유를 빼앗기는 것도 기쁘게 당한 것은 더 낫고 영구한 소유가 있는 줄 앎이라"(히 10:34).

제 아내는 친정어머니의 웨딩드레스를 물려 입었습니다. 저는 주일에 입는 가장 좋은 옷을 입었지요. 우리는 성경과 십자가 앞에서 결혼식을 올렸습니다. 누군가 오르간을 연주했고, 아버지께서 설교를 하셨습니다. 교회 강당에서 피로연을 했는데, 케이크만 있는 간소한 피로연이었습니다. 신혼여행은 아버지의 차를 빌려 플로리다주에 있는 세인트피터즈버그로 갔습니다. 해안가에 있는 1층짜리 모텔에 묵었지요.

더없이 소박했지만 기쁨이 가득한 결혼식이었습니다. 행복한 기대가 넘치는 그런 결혼식이었습니다. 누구도 돈을 빌리지 않아도 되었지요. 주님과 그분의 말씀, 혼인 서약, 결혼하는 두 사람이 중시되었고, 하나님께서 영광을 받으셨습니다. 그로부터 수십 년이 지난 지금, 우리는 잘 지내고 있습니다.

소박함 속 진실과 아름다움

소박한 결혼식에는 특별한 무언가가 있습니다. 특별한 예복과 특별한 지출, 그리고 그리스도인의 단순한 삶에 깃든 특별한 아름다움이 있습니다.

그러나 오늘날 복음주의 교회 안에서 행해지는 일들은 균형을 잃은 듯 보입니다. 누군가 제동을 걸어야 합니다. 그러므로 특히 목사님들께 부탁드립니다. 예식과 말씀, 혼인 서약, 주님, 그리고 사랑이 결혼식의 중심이 되게 하십시오. 피로연이 없어도 괜찮습니다. 값비싼 호텔에서 결혼식을 하지 않아도 괜찮습니다. 정말이지 그럴 필요가 없습니다.

또한 소박한 문화를 만들기 위해서는 반(反)문화적인 결혼식을 올릴 용감하고 소신 있는 젊은이들이 필요합니다. 일반적인 결혼식 비용의 4분의 1과 염려의 4분의 1, 스트레스의 4분의 1로 진실함과 아름다움, 기쁨이 무엇인지 보여 주는 결혼식을 올릴 예비부부들, 그리고 그리스도의 영광과 천국의 도래에 배 이상의 초점을 맞춘 결혼식을 올릴 예비부부들 말입니다. 두 분이 그들이기를 기도합니다.

_____가 _____에게 ♥

_____ 가 _____ 에게 ♥

¹아내들아 이와 같이 자기 남편에게 순종하라 이는 혹 말씀을 순종하지 않는 자라도 말로 말미암지 않고 그 아내의 행실로 말미암아 구원을 받게 하려 함이니 ²너희의 두려워하며 정결한 행실을 봄이라 ³너희의 단장은 머리를 꾸미고 금을 차고 아름다운 옷을 입는 외모로 하지 말고 ⁴오직 마음에 숨은 사람을 온유하고 안정한 심령의 썩지 아니할 것으로 하라 이는 하나님 앞에 값진 것이니라 ⁵전에 하나님께 소망을 두었던 거룩한 부녀들도 이와 같이 자기 남편에게 순종함으로 자기를 단장하였나니 ⁶사라가 아브라함을 주라 칭하여 순종한 것 같이 너희는 선을 행하고 아무 두려운 일에도 놀라지 아니하면 그의 딸이 된 것이니라 ⁷남편들아 이와 같이 지식을 따라 너희 아내와 동거하고 그를 더 연약한 그릇이요 또 생명의 은혜를 함께 이어받을 자로 알아 귀히 여기라 이는 너희 기도가 막히지 아니하게 하려 함이라

_베드로전서 3장 1-7절

Preparing for marriage

존 파이퍼 목사님의 설교 "Husbands Who Love Like Christ and the Wives Who Submit to Them"으로 연결됩니다.

3장

그리스도처럼, 교회처럼 섬기십시오

²¹ 그리스도를 경외함으로 피차 복종하라 ²² 아내들이여 자기 남편에게 복종하기를 주께 하듯 하라 ²³ 이는 남편이 아내의 머리 됨이 그리스도께서 교회의 머리 됨과 같음이니 그가 바로 몸의 구주시니라 ²⁴ 그러므로 교회가 그리스도에게 하듯 아내들도 범사에 자기 남편에게 복종할지니라 ²⁵ 남편들아 아내 사랑하기를 그리스도께서 교회를 사랑하시고 그 교회를 위하여 자신을 주심 같이 하라 ²⁶ 이는 곧 물로 씻어 말씀으로 깨끗하게 하사 거룩하게 하시고 ²⁷ 자기 앞에 영광스러운 교회로 세우사 티나 주름 잡힌 것이나 이런 것들이 없이 거룩하고 흠이 없게 하려 하심이라 ²⁸ 이와 같이 남편들도 자기 아내 사랑하기를 자기 자신과 같이 할지니 자기 아내를 사랑하는 자는 자기를 사랑하는 것이라 ²⁹ 누구든지 언제나 자기 육체를 미워하지 않고 오직 양육하여 보호하기를 그리스도께서 교회에게 함과 같이 하나니 ³⁰ 우리는 그 몸의 지체임이라 ³¹ 그러므로 사람이 부모를 떠나 그의 아내와 합하여 그 둘이 한 육체가 될지니 ³² 이 비밀이 크도다 나는 그리스도와 교회에 대하여 말하노라 ³³ 그러나 너희도 각각 자기의 아내 사랑하기를 자신 같이 하고 아내도 자기 남편을 존경하라

_에베소서 5장 21-33절

에베소서 5장 21-33절과 베드로전서 3장 1-7절은 부부가 함께 묵상하며, 솔직하고 구체적으로 대화를 나누어야 할 필수 구절입니다. 이 장에서는 그런 대화를 나누도록 생각할 거리를 풍성하게 제공하려 합니다.

먼저 에베소서 5장 31절을 보겠습니다. 이 구절은 창세기 2장 24절 "이러므로 남자가 부모를 떠나 그의 아내와 합하여 둘이 한 몸을 이룰지로다"를 인용한 것입니다. 바울은 이 인용구를 생각하며 "이 비밀이 크도다 나는 그리스도와 교회에 대하여 말하노라"(엡 5:32)고 말했습니다.

결혼의 비밀

남자와 여자가 결혼으로 한 몸이 되는 것이 왜 비밀일까요? 그것은 결혼의 가장 깊은 의미가 부분적으로 감추어졌기 때문입니다. 그러나 이제는 그 숨겨진 부분이 드러났습니다. 바로 결혼이 그리스도와 교회의 관계를 가리킨다는 것으로 말입니다(32절 참조).

결혼은 남자와 여자의 연합 그 이상의 무언가를 상징하는 이미지입니다. 곧 결혼은 그리스도와 교회의 관계를 상징합니다. 그것이 결혼의 가장 깊은 의미입니다. 결혼은 그리스도와 교회가 서로 어떻게 관계를 맺는지 나타내는 생생한 드라마입니다.

에베소서 5장 28-30절에서 남편과 아내의 연합이 그리스도와 교회의 연합과 어떻게 연결되는지 보십시오. "이와 같이 남편들도 자기 아내 사랑하기를 자기 자신과 같이 할지니 자기 아내를 사랑하는 자는 자기를 사랑하는 것이라 누구든지 언제나 자기 육체를 미워하지 않고 오직 양육하여 보호하기를 그리스도께서 교회에게 함과 같이 하나니 우리는 그 몸의 지체임이라."

다시 말해, 남편과 아내는 이제 한 몸이니 남편이 아내를 돌보는 것은 곧 남편이 그 자신을 돌보는 것과 마찬가지라는 뜻입니다. 바울은 이를 다음 구절에서 교회에 대한 그리스도의 사랑에 비유합니다. "그리스도께서 교회에게 함과 같이"(29절).

남편이 아내와 한 몸인 것과 마찬가지로 그리스도께서도 교회와 한 몸이십니다. 남편이 아내를 양육하고 보호할 때 그는 자신을 양육하고 보호하는 것입니다. 마찬가지로 그리스도께서 교회를 양육하고 보호하실 때 그분은 자신을 양육하고 보호하시는 것입니다.

결혼을 향한 하나님의 뜻을 이해하려면, 우리가 지금 '원본'과 '사본'을 다루고 있음을 알아야 합니다. 원본은 '하나님과 그 백성의 결혼' 또는 '그리스도와 교회의 결혼'이며, 사본은 '남편과 아내의 결혼'입니다. 제프리 브로밀리(Geoffrey Bromiley)는 이렇게 말했습니다. "하나님이 자신의 형상(이미지)대로 인간을 만드셨듯이, 그의 백성과의 영원한 결혼의 이미지대로 지상의 결혼을 만드셨다"(*God and Marriage*).

남편과 아내의 역할

이 비밀에서 배워야 할 한 가지는 남편과 아내의 역할입니다. 에베소서 5장에서 바울이 말하려는 것은, 남편과 아내의 역할은 아무렇게나 주어지지 않으며, 결혼을 향한 하나님의 뜻을 흐리지 않고는 바꿀 수 없다는 것입니다.

남편과 아내의 역할은 그리스도와 교회의 역할에 그 뿌리를 둡니다. 하나님은 23-25절에서 남편과 아내가 관계 맺는 방식과 그리스도와 교회가 관계 맺는 방식이 서로 연관되어 있음을 말씀하고자 하셨습니다.

그러니 아내들이여, 교회가 그리스도께 하는 것을 보며 아내의 역할을 찾으십시오. "그러므로 교회가 그리스도에게 하듯 아내들도 범사에 자기 남편에게 복종할지니라"(24절). 남편들이여, 그리스도가 교회에게 하는 것을 보며 남편의 역할을 찾으십시오. "이는 남편이 아내의 머리 됨이 그리스도께서 교회의 머리 됨과 같음이니 그가 바로 몸의 구주시니라"(23절). "남편들아 아내 사랑하기를 그리스도께서 교회를 사랑하시고 그 교회를 위하여 자신을 주심 같이 하라"(25절).

머리 됨과 복종을 이해하십시오

죄가 세상에 들어오면서 결혼의 조화로움이 깨졌습니다(창 1-3장 참조). 머리 됨과 복종의 관계 때문에 결혼의 조화로움이 깨진 것이 아닙니다. 머리 됨과 복종의 관계는 죄의 결과가 아닙니다.

죄가 들어온 결과, 남편의 겸손하고 애정 어린 리더십이 적대적인 지배나 게으른 무관심으로 바뀌었습니다. 죄가 들어온 결과, 아내의 지혜롭고 자발적인 복종이 전적인 의존이나 극심한 반항으로 바뀌었습니다. 죄의 결과, 머리 됨과 복종의 관계가 추하게 파괴되었습니다. 그리고 그 결과, 결혼의 조화로움이 깨졌습니다.

우리는 죄의 문제를 해결하신 예수님이 이 문제 또한 해결하시기를 기대할 수 있습니다. 그러나 머리 됨과 복종의 관계를 허물어서가 아닙니다. 예수님은 죄의 영향력으로 허물어진 애정 어린 리더십과 자발적인 복종이라는 창조 질서를 회복함으로써 그렇게 하실 것입니다.

에베소서 5장 21-33절에서 말하는 바가 이것입니다. 남편들이여, 그리스도를 향한 하나님의 뜻을 따라 잘못된 리더십에서 돌이키십시오! 아내들이여, 교회를 향한 하나님의 뜻을 따라 잘못된 복종에서 돌이키십시오!

머리 됨은 명령하고 지배하는 권리가 아닙니다. 남편의 머리 됨은 그리스도처럼 사랑하고 섬기는 리더십입니다. 아내를 위해 목숨까지 내놓는 책임입니다. 복종은 비굴하거나 강제적이지 않습니다. 그러한 복종은 그리스도께서 교회에 원하시는 복종이 아닙니다. 그리스도께서는 자유롭고 자발적이며 지혜롭게 힘을 실어 주는 복종을 원하십니다.

에베소서 5장 21-33절의 목적은 두 가지입니다. 남편들에게 예수님처럼 사랑하라고 말함으로써 머리 됨의 남용을 예방하고, 아내들에게 교회가 그리스도께 하듯 하라고 말함으로써 복종의 비하를 예방하는 것입니다.

성경이 말하는 머리 됨과 복종

제가 성경을 통해 이해하고 정리한 머리 됨과 복종의 정의가 두 분께 도움이 될지 모르겠습니다.

- '머리 됨'은 남편에게 주어진 소명으로, 그리스도를 닮은 섬김의 리더십으로서, 가정을 보호하고 필요를 공급하는 일차적인 책임을 다하는 것입니다.

- '복종'은 아내에게 주어진 소명으로, 남편의 리더십을 존중하고 그 리더십이 실현되도록 자신의 은사를 통해 돕는 것입니다.

이러한 정의가 시사하는 바를 이야기하기에 앞서, 이 개념에 대한 일반적인 반대 의견을 다루고자 합니다.

남편과 아내는 상호 복종하는 관계가 아닙니까?

오늘날 머리 됨과 복종의 개념은 인기가 없습니다. 사회 분위기상 에베소서 5장 21-33절 같은 구절은 대개 부정적으로 받아들여집니다. 이 개념에 반대하는 사람들이 일반적으로 가지는 생각이 있습니다. 그것은 바로 21절이 남편과 아내의 상호 복종을 가르친다는 것입니다. "그리스도를 경외함으로 피차 복종하라."

길버트 빌레지키언(Gilbert Bilezikian)은 이렇게 말합니다. "사전적인 정의에 의하면, 상호 복종은 위계적인 차이를 배제한다"(*Beyond Sex Roles*). 여기서 그는 남편과 아내가 실제로 상호 복종의 관계에 있다면, 남편에게 아내를 인도할 특별한 책임이 있고 아내에게 남편의 인도를 지지하고 도울 책임이 있다는 말은 모순이며 잘못이라고 주장합니다.

두 분은 어떻게 생각하십니까? 저는 이것이 단순히 사실이 아니라고 생각합니다. 사실 길버트 빌레지키언은 바로 뒤에서 이렇게 말합니다. "교회는 상호 복종을 할 때 번성한다. 성령님이 이끄시는 교회에서 장로들은 회중을 돌보는 책임을 다함으로써 회중에게 복종하고, 회중은 그들의 인도를 받아들임으로써 장로들에게 복종한다." 그리고 이어서 "회중은 순종함으로써 그들의 지도자에게 복종한다."고까지 말합니다. 그러니까 그는 교회의 경우 한 그룹이 인도를 하고 다른 그룹이 인도를 따르는 상호 복종이 가능하다고 말합니다. 다시 말해 한 그룹은 인도를 할 특별한 책임이 있고 다른 그룹은 인도를 받을 특별한 책임이 있습니다.

이것은 옳습니다. 상호 복종과 인도하고 인도받는 관계 사이에는 아무런 모순이 없습니다.

상호 복종은 양측이 똑같은 방식으로 복종해야 한다는 뜻이 아닙니다. 그리스도께서는 자기 목숨까지 내놓는 섬김의 리더십으로 교회에 복종하셨습니다. 그리고 교회는 그리스도의 리더십을 존중하고 그분을 따름으로써 그리스도께 복종합니다.

그러므로 상호 복종이라는 개념이, 남편의 그리스도를 닮은 섬김의 리더십과 아내의 교회를 닮은 복종을 배제한다는 것은 사실이 아닙니다. 상호 복종은 리더십과 복종의 역할을 무효화하는 게 아니라 변화시킵니다.

'머리'의 의미가 정말 리더십을 가리킵니까?

머리 됨과 복종의 관계를 반대하는 사람들의 또 다른 의견은 '머리'가 결코 '리더십'을 의미하지 않는다는 것입니다. 그들은 '머리'란 단지 '근원'을 의미한다고 주장합니다(Gilbert Bilezikian, *Beyond Sex Roles*).

이들에 따르면, 남편이 아내의 '머리'라는 것은 남편이 아내의 '리더'라는 뜻이 아니라 남편이 아내의 '근원'이라는 뜻입니다. 그러나 이 의견은 바울 당시 일반적으로 사용되던 '머리'라는 말의 뜻과 다릅니다. 이를 보여 주는 진지한 연구가 많습니다. 그러나 여기서 다 다루기는 어려우므로 모두가 이해하기 쉽도록 성경 말씀을 가지고 설명하고자 합니다.

성경을 보면, 그리스도께서 몸 된 교회의 머리로 그려졌듯이 남편은 아내의 머리로 그려집니다(엡 5:23 참조). 그런데 머리가 근원을 의미한다면 남편은 어떻게 아내의 근원이 될까요?

생각해 봅시다. 몸은 머리에게서 무엇을 얻습니까? 양분(nourishment)을 얻습니다(29절, 개역개정에서는 '양육'으로 번역됨-편집자주). 몸은 머리에 있는 입을 통해 양분을 얻습니다. 그러나 몸이 머리를 통해 양분만 얻는 것은 아닙니다. 머리는 눈과 귀를 통해 몸을 인도하고 보호하며 위험에 대비합니다.

머리인 남편이 몸인 아내와 하나를 이루어서 아내를 인도하고 먹이고 아내가 위험에 대비하게 한다면, 여기서 얻을 수 있는 자연스러운 결론은 곧 머리인 남편에게는 아내를 인도하고 먹이고 보호할 일차적인 책임이 있다는 것입니다.

그러므로 '머리'를 '근원'이라는 뜻으로 보더라도, 하나님이 남편에게 그리스도를 닮은 섬김의 리더십을 주셔서 아내를 인도하고 보호하고 필요를 공급하도록 하셨다는 해석이 가장 자연스럽습니다.

성경적인 머리 됨과 복종의 모습

이 장을 마치면서, 이 본문이 실제로 바라는 것을 몇 가지 살펴보겠습니다.

인도함의 변화

"남편들아 아내 사랑하기를 그리스도께서 교회를 사랑하시고 그 교회를 위하여 자신을 주심 같이 하라"(엡 5:25) 이 본문은 남편이 아내를 인도하는 방식을 혁신적으로 변화시키는 말씀입니다.

예수님은 누가복음 22장 26절에서 이렇게 말씀하셨습니다. "너희 중에 큰 자는 젊은 자와 같고 다스리는 자는 섬기는 자와 같을지니라." 이를 다른 말로 하면 이렇게 표현할 수 있습니다. "남편들이여, 아내를 인도하십시오. 그러나 섬김으로 인도하십시오."

남편에게 리더십이라는 책임이 주어진 것은 으스대라는 뜻에서가 아닙니다. 가정을 견고히 하라는 뜻에서입니다.

복종의 변화

복종은 남편을 그리스도의 자리에 두는 것을 뜻하지 않습니다. 에베소서 5장 21절은 복종이 그리스도를 경외함에서 비롯된다고 말합니다.

복종은 남편의 말을 절대적으로 따르는 것이 아닙니다. 오직 그리스도의 말씀만이 절대적입니다. 어떤 아내도 남편을 따라 죄를 지어서는 안 됩니다. "그리스도를 경외하기에" 죄를 지을 수 없습니다.

또한 복종은 생각을 하지 말라는 뜻이 아닙니다. 아내가 가정의 대소사에 아무런 결정권이 없다거나 남편에게 아무런 영향을 미치지 못한다는 뜻이 아닙니다. 복종은 무지나 무능에서 비롯되지 않습니다. 복종은 하나님의 창조 질서에 부합하는 뜻에서 비롯됩니다(골 3:18 참조).

복종은 남편의 리더십에 "예."라고 대답하는 성향입니다. '성향'이라고 한 것은 가장 순종적인 아내도 남편의 결정에 주저할 때가 있기 때문입니다. 아내가 주저하는 이유는 남편의 결정이 현명하게 여겨지지 않기 때문이지요.

예를 들어, 제가 집안일에 대해 무언가 어리석은 결정을 내리려 한다고 합시다. 그때 노엘은 이런 식으로 복종을 표현할 수 있습니다. "존, 당신이 많이 생각했다는 것을 알고 또 우리를 위해 애쓰는 것을 고맙게 생각하지만, 이 결정은 마음이 편치 않군요. 이 문제에 대해 좀 더 대화를 나눌 수 있을까요? 오늘 밤에 어때요?" 이 같은 반응이 성경적인 복종의 모습인 이유는 다음과 같습니다.

1. 남편은 그리스도와 달리 실수할 수 있으며, 이를 인정해야 합니다.
2. 남편은 가정사에 관한 결정에 아내가 기뻐하기를 원해야 합니다. 그리스도께서는 우리가 그분의 결정을 마지못해 따르는 것이 아니라 기꺼이 따르기 원하십니다.

3. 노엘이 걱정을 표현한 방식은 그녀가 가장으로서 남편의 역할을 인정하고 남편의 리더십을 지지하고 있음을 분명하게 전달합니다.

남편이 가족의 영적인 삶에 대해 하나님이 주신 책임(가정 예배를 인도하고, 가족을 교회에 데려가고, 식사 기도를 드리는 등)을 느낄 때, 그리고 자녀 교육과 재정 관리, 가족의 필요를 공급하는 일과 가정의 안전, 불화의 치유 등에 대해 하나님이 주신 책임을 느낄 때, 이 특별한 책임은 전제적이거나 독재적이거나 지배적이거나 권위적이거나 압제적이지 않습니다. 이것은 그저 섬김의 리더십입니다. 저는 이런 남자와 결혼한 것을 후회하는 아내를 본 적이 없습니다.

하나님은 어떤 일(예컨대 결혼 같은)을 계획하실 때 하나님 자신의 영광뿐 아니라 우리의 유익을 위해서도 하십니다.

이번 장을 다시 주의 깊게 읽어 보십시오. 어떤 대목에서 기분이 좋으셨습니까? 걱정되거나 불편한 내용이 있었습니까? 제 표현 방식 때문이 아니라, 성경의 가르침에 저항하는 자신 때문에 힘든 부분이 있었나요? 그 부분들에 대해 두 분이 함께 자유롭고 솔직하게 대화하십시오.

성경을 붙잡고 씨름하는 것은 결코 나쁜 생각이 아닙니다. 겸손하고 친절하게 서로를 대하십시오. 그러면 하나님이 두 분 모두에게 선한 일을 행하실 것입니다.

_____가 _____에게 ♥

_____가 _____에게 ♥

Preparing for marriage.

존 파이퍼 목사님의 설교 "Sexual Relations in Marriage"로 연결됩니다.

4장

믿음 안에서 부부 관계를 즐거워하십시오

⁴모든 사람은 결혼을 귀히 여기고 침소를 더럽히지 않게 하라 음행하는 자들과 간음하는 자들을 하나님이 심판하시리라 ⁵돈을 사랑하지 말고 있는 바를 족한 줄로 알라 그가 친히 말씀하시기를 내가 결코 너희를 버리지 아니하고 너희를 떠나지 아니하리라 하셨느니라

_히브리서 13장 4-5절

히브리서는 흥미롭게도 부부의 침소를 돈과 나란히 언급합니다. 이는 우연이 아닙니다. 사실 오늘날 결혼 상담가들은 결혼 생활의 가장 큰 문제 요소로 돈과 부부 관계를 꼽습니다. 이 장은 그중 4절(부부 관계)에 초점을 맞추겠지만, 5절(돈, 욕구, 만족, 하나님의 언약)도 그에 못지 않게 중요합니다.

믿음, 죄, 만족

"결혼을 귀히 여기고 침소를 더럽히지 않게 하라"(히 13:4). 이 말씀은 부부 관계를 순결하고 정결하며 흠이 없게 하라는 뜻입니다. 다시 말해 부부 관계에 있어 죄를 짓지 말라는 뜻입니다.

그렇다면 죄란 무엇입니까? 기본적으로 죄란, 하나님을 기쁘시게 하지 못하는 모든 생각과 행동을 말합니다.

여기서 잠시, 죄의 본성에 대해 알아보려 합니다. 죄의 본성을 아는 것은 대단히 유익한 일입니다. 믿음과 관련이 있기 때문입니다.

히브리서 11장 6절은 "믿음이 없이는 하나님을 기쁘시게 하지 못한다"고 말합니다. 이 말씀을 앞서 이야기한 내용과 연결하면 이런 결론을 얻을 수 있습니다.

1. 하나님을 기쁘시게 하지 못하는 모든 것이 죄입니다. 그런데 믿음이 없이는 하나님을 기쁘시게 하지 못합니다. 그러므로 우리에게 믿음이 없다면, 우리가 하는 모든 것은 죄입니다. 우리가 하는 모든 것이 하나님을 기쁘시게 하지 못하기 때문입니다.
2. 이것은 믿음의 '결여'와 죄 사이에 밀접한 관계가 있음을, 어쩌면 인과적인 관계가 있음을 강력하게 시사합니다. 로마서 14장 23절이 이를 확증합니다. "믿음을 따라 하지 아니하는 것은 다 죄니라."

다시 말해 죄란, 믿음 없이 하는 모든 생각과 행동을 가리킵니다. 믿음 없이 하는 생각과 행동은 하나님을 기쁘시게 하지 못하기 때문입니다. 믿음의 소산이 아니라는 그 이유에서 죄는 곧 악입니다.

그렇다면 무엇이 믿음 없이 하는 생각과 행동일까요? 이를 답하기 위해, 먼저 믿음에 대해 생각해 보겠습니다. 죄가 아닌 생각과 행동을 낳는 이 믿음은 무엇입니까?

히브리서 11장 1절은 "믿음은 바라는 것들의 실상이요 보이지 않는 것들의 증거"라고 말합니다. 즉, 믿음은 하나님이 장차 그리고 영원히 우리에게 주기로 약속하신 좋은 것들에 대한 확신입니다. 비록 눈에 보이지는 않지만, 그 바람이 실현되리라는 확신입니다.

히브리서 11장 6절은 이렇게 말합니다. "믿음이 없이는 하나님을 기쁘시게 하지 못하나니 하나님께 나아가는 자는 반드시 그가 계신 것과 또한 그가 자기를 찾는 자들에게 상 주시는 이심을 믿어야 할지니라." 다시 말해 하나님을 기쁘시게 하는 믿음은, 믿기 힘든 상황에서도 하나님이 모든 좋은 것을 주시리라 확신하며 하나님께 나아가는 것입니다.

그렇다면 믿음은 어떻게 죄가 아닌 생각과 행동을 낳을까요? 히브리서 13장 5절은 "돈을 사랑하지 말고 있는 바를 족한 줄로 알라"고 말합니다. 돈을 사랑하는 것은 하나님을 기쁘시게 하지 못하므로 죄입니다. 디모데전서 6장 10절은 "돈을 사랑함이 일만 악의 뿌리"라고 말합니다.

돈에 대한 사랑, 곧 물욕과 거기서 비롯되는 온갖 악의 해독제는 '만족'입니다. 우리는 "있는 바를 족한 줄로" 알아야 합니다. 그런데 히브리서 저자는 여기서 한 걸음 더 나아가 우리가 만족할 수 있는 근거를 제시합니다. "그가 친히 말씀하시기를 내가 결코 너희를 버리지 아니하고 너희를 떠나지 아니하리라 하셨느니라"(히 13:5).

우리가 만족할 수 있는 근거는 하나님이 반드시 함께하시리라는 약속에 있습니다. 이 약속은 신명기 31장 6절에 근거합니다. "너희는 강하고 담대하라 두려워하지 말라 그들 앞에서 떨지 말라 이는 네 하나님 여호와 그가 너와 함께 가시며 결코 너를 떠나지 아니하시며 버리지 아니하실 것임이라."

히브리서 저자는 이렇게 말하는 셈입니다. "하나님은 우리에게 참으로 위안과 안심과 소망을 주는 약속을 하셨습니다. 이 약속을 믿을 때 우리는 만족할 것입니다. 이 만족은 일만 악의 뿌리인 물욕에 대한 해독제입니다."

우리는 이제 어떤 생각이나 행동이 '믿음에서' 비롯된다는 게 무엇인지 보다 분명히 알 수 있습니다.

만약 우리에게 믿음이 없다면, 다시 말해 "결코 너희를 버리지 아니하고 너희를 떠나지 아니하리라"는 하나님의 약속을 믿지 않는다면, 우리는 두렵고 불안할 것입니다. 그러면 안정감과 마음의 평온을 주는 돈의 힘이 매력적으로 다가올 것입니다. 그리고 이를 시작으로 우리 안에 있는 또 다른 악이 모습을 드러낼 것입니다.

우리는 도둑질을 하거나, 세금을 줄여서 신고하거나, 헌금하지 않는 것을 합리화하거나, 친구에게 돈을 빌린 사실을 편리하게도 잊어버리거나, 세놓은 집을 수리하는 데 한 푼도 쓰지 않으려 할 것입니다. 돈을 사랑하는 데서 나오는 악은 끝이 없습니다. 그리고 이 같은 악이 죄가 되는 이유는 믿음에서 나온 행위가 아니기 때문입니다.

"너희를 버리지 아니하고 너희를 떠나지 아니하리라"는 하나님의 약속을 믿을 때, 우리는 염려와 불안에서 자유로워지고, 돈을 사랑하는 마음에서 비롯된 죄를 이길 것입니다. 그리스도 안에서 족함을 알고, 또 하나님이 늘 함께하신다는 약속 안에서 쉼을 누리면, 세금을 줄여서 신고하고, 기부에 인색하고, 빚 갚기에 소홀하고, 가난한 세입자를 힘들게 하는 일 따위는 사라질 것입니다.

대신 정직하게 일하고, 세금 신고를 정확하게 하며, 교회에 헌금을 넉넉히 하고, 빚을 성실하게 갚고, 우리가 받고자 하는 대로 세입자에게 베풀 것입니다. 그리고 이 모든 새로운 행위는 죄가 아니라 의가 될 것입니다. 하나님의 약속을 믿는 믿음에서 비롯되었기 때문입니다.

이 모두가 부부 관계와 어떤 연관이 있는지 놓치지 않도록 히브리서 본문으로 돌아가겠습니다.

히브리서 13장 4절은 "모든 사람은 결혼을 귀히 여기고 침소를 더럽히지 않게 하라"고 말합니다. 이는 부부의 침소에 죄가 없게 하라는, 다시 말해 부부 관계에 죄가 없게 하라는 뜻입니다. 믿음 없이 하는 모든 것이 죄입니다. 즉 하나님의 말씀을 믿지 않고 그분의 약속 안에서 쉼을 누리지 못할 때 우리가 느끼고 생각하고 행동하는 모든 것이 죄입니다.

그러므로 히브리서 13장 4절을 다음과 같이 바꾸어 말할 수 있습니다. "하나님의 말씀을 믿는 믿음에서 비롯되지 않은 모든 생각과 행동으로부터 자유로운 부부 관계를 가지십시오." 긍정적으로 다시 표현한다면 이렇게 말할 수 있습니다. "부부 관계를 할 때 하나님의 약속에 대한 확신에서 비롯된 생각과 행동만을 취하십시오."

꼭 결혼을 해야 하나요?

"하나님의 약속에 대한 믿음으로 만족한다면 왜 성적 만족을 추구해야 하나요?"라고 묻는 분도 계실 것입니다. 좋은 질문입니다. 여기에 대한 저의 첫 번째 대답은 "성적 만족을 추구하지 않아도 됩니다. 결혼하지 않고 독신으로 지내도 됩니다."입니다.

바울이 고린도전서 7장 6-7절에서 권한 것이 이것입니다. 그는 사실상 이렇게 말한 셈이지요. "나는 모든 사람이 결혼해서 성적 욕구를 만족시켜야 한다고 말하는 게 아닙니다. 내가 말하려는 것은, 사람이 정욕에 시달린다면 이를 만족시킬 수단이 바로 결혼이라는 것입니다."

그리고 바울은 이렇게 덧붙입니다. "나는 모든 사람이 나와 같기를 원하노라 그러나 각각 하나님께 받은 자기의 은사가 있으니 이 사람은 이러하고 저 사람은 저러하니라"(7절).

참으로 놀라운 말씀입니다. 바울은 모든 사람이 자신과 같이 독신으로 지내기를 바랄 수도 있었습니다. 복잡한 가정사와 결혼에 대한 갈망에서 자유롭기를 말이지요. 그렇지만 바울은 그것이 하나님의 뜻이 아님을 알았습니다. 사람마다 "각각 하나님께 받은 은사가 있기" 때문입니다.

하나님은 어떤 사람은 결혼하기를 원하시고 또 어떤 사람은 독신으로 지내기를 원하십니다. 하나님은 모든 사람에게 바울에게 주신 것과 같은 은사를 주지 않으십니다. 어떤 사람에게는 베드로(아내를 데리고 전도 여행을 다닌)에게 주신 것과 같은 은사를 주십니다(고전 9:5 참조).

그러니까 "하나님의 약속에 대한 믿음으로 만족한다면 왜 성적 만족을 추구해야 하나요?"라는 질문의 첫 번째 대답은 "어쩌면 당신은 결혼하지 않는 게 좋을지도 모르겠습니다. 하나님은 당신이 독신으로 지내기를 원하실 수도 있습니다."입니다.

그러나 이 질문에 대한 두 번째 대답이 있습니다. 하나님이 약속하신 만족은 모든 욕구, 특히 육체적인 욕구를 없애 주지 않습니다. 완전한 믿음을 지니신 예수님조차 허기를 느끼고 음식을 원하셨으며, 피곤을 느끼고 휴식을 원하셨습니다. 성적 욕구 역시 같은 범주에 들어갑니다. 믿음에서 비롯된 만족이 허기나 피곤을 없애지 못하듯, 성적 욕구 또한 없애지 못합니다.

그렇다면 성적 욕구를 만족시킨다는 것은 무엇을 의미할까요? 저는 다음 두 가지를 의미한다고 생각합니다.

1. 만일 독신의 은사를 받아 성적 욕구를 만족시키는 일이 거부된다면, 하나님의 풍성하신 도우심과 믿음의 교제로 그에 대한 보상을 받을 것입니다.

   빌립보서 4장 11-13절에서 바울은 이렇게 말했습니다. "내가 궁핍하므로 말하는 것이 아니니라 어떠한 형편에든지 나는 자족하기를 배웠노니…… 배부름과 배고픔과 풍부와 궁핍에도 처할 줄 아는 일체의 비결을 배웠노라 내게 능력 주시는 자 안에서 내가 모든 것을 할 수 있느니라."

   바울이 배고픔에 처할 줄 아는 비결을 배웠다면, 우리도 하나님이 성적 만족을 허락하지 않으실 때 여기에 만족하는 비결을 배울 수 있습니다.

2. 성적 만족이 의미하는 또 한 가지는 이것입니다. 만일 성적 만족이 거부되지 않고 결혼을 통해 주어진다면, 오직 우리의 믿음을 반영하는 방식으로만 그것을 추구하고 즐겨야 합니다.

   믿음에서 비롯된 만족은 허기와 피곤과 성적 욕구를 없애지는 못하지만, 이 같은 욕구들을 만족시키는 방식에 변화를 가져옵니다. 믿음은 음식물 섭취를 막지 않지만, 과식은 막습니다. 믿음은 잠자는 것을 막지 않지만, 게으름뱅이가 되는 것은 막습니다. 믿음은 성적 욕구를 막지 않지만, 그렇지만 뭘까요?

이것이 바로 우리가 이 장의 나머지 부분에서 답하려는 것입니다. 비록 지면상 부분적으로 답할 수밖에 없겠지만요.

첫째, 믿음은 성관계를 하나님의 좋은 선물로 받아들입니다

"하나님께서 지으신 모든 것이 선하매 감사함으로 받으면 버릴 것이 없나니 하나님의 말씀과 기도로 거룩하여짐이라"(딤전 4:4-5).

이 말씀을 믿음의 귀로 듣고 신뢰하는 사람은 몸과 몸의 욕구들을 하나님의 좋은 선물로 받아들입니다. 다시 말해, 믿음이 있는 사람은 배우자와 한 침대에 누워 "우리가 하는 짓은 추잡해. 포르노 영화에나 나오는 짓이야."라고 말하지 않습니다. 대신에 그는 이렇게 말합니다. "하나님이 지으신 바니 믿는 자들과 진리를 아는 자들이 감사함으로 받을 것이니라"(딤전 4:3).

세상이 하나님의 선물들을 남용해 부패하게 만들었지만, 이 선물들은 마땅히 하나님의 자녀에게 속한 것입니다. 믿음은 우리가 그 선물들을 세속적이고 더러운 것으로 보지 않게 합니다. 믿음은 "결혼을 귀히 여기고 침소를 더럽히지 않게" 합니다.

둘째, 믿음은 과거의 죄로부터 우리를 자유롭게 합니다

믿음은 과거에 지은 죄로부터 우리를 자유롭게 함으로써 부부 관계의 기쁨을 더합니다.

지금 저는 결혼 전에 간음이나 근친상간, 동성애, 수년에 걸친 습관성 자위, 포르노물 중독, 난잡한 애무, 이혼 등을 경험한 사람들을 염두에 두고 있습니다. 제가 하고 싶은 말은 이것입니다. 만약 당신이 이런 경험을 한 적이 있다면, 용서하시는 하나님의 자비에 자신을 맡기십시오. 하나님이 당신을 과거의 죄로부터 자유롭게 하실 것입니다.

> "그러므로 이제 그리스도 예수 안에 있는 자에게는 결코 정죄함이 없나니"(롬 8:1).

> "일을 아니할지라도 경건하지 아니한 자를 의롭다 하시는 이를 믿는 자에게는 그의 믿음을 의로 여기시나니"(롬 4:5).

"허물의 사함을 받고 자신의 죄가 가려진 자는 복이 있도다 마음에 간사함이 없고 여호와께 정죄를 당하지 아니하는 자는 복이 있도다"(시 32:1-2).

"우리의 죄를 따라 우리를 처벌하지는 아니하시며 우리의 죄악을 따라 우리에게 그대로 갚지는 아니하셨으니 이는 하늘이 땅에서 높음 같이 그를 경외하는 자에게 그의 인자하심이 크심이로다 동이 서에서 먼 것 같이 우리의 죄과를 우리에게서 멀리 옮기셨으며"(시 103:10-12).

"만일 우리가 우리 죄를 자백하면 그는 미쁘시고 의로우사 우리 죄를 사하시며 우리를 모든 불의에서 깨끗하게 하실 것이요"(요일 1:9).

하나님의 자녀는 이전에 지은 죄를 부부의 침소에 가져갈 필요가 없습니다. 하지만 그렇게 하려면 굳건한 믿음이 있어야 합니다. 사탄은 우리가 과거의 죄를 용서받지 못했다고 느끼게 하기 때문입니다. 그러므로 "믿음을 굳건하게 하여 그를 대적"(벧전 5:9)하십시오.

그러므로 "믿음의 방패를 가지고 이로써 능히 악한 자의 모든 불화살을 소멸"(엡 6:16)하십시오.

"나를 위하여 자기 자신을 버리신 하나님의 아들"(갈 2:20)을 믿으십시오.

우리로 그리스도 안에서 하나님의 의가 되게 하시려고, 하나님이 우리를 대신해 죄로 삼으신 그리스도를 믿으십시오(고후 5:21 참조).

"친히 나무에 달려 그 몸으로 우리 죄를 담당"(벧전 2:24)하신 그리스도를 믿으십시오.

그리고 용서를 꼭 붙잡아서 부부의 침소로 가져가십시오. 그리스도께서 당신의 죄로 인하여 죽으셨습니다. 이제 당신은 그리스도 안에서 죄로부터 자유로운 부부 관계를 가질 수 있습니다.

물론 쉽지만은 않을 것입니다. 우리의 죄는 씻기지만 상처 자국은 남기 때문입니다.

예를 들어, 결혼을 앞둔 커플이 공원 벤치에 앉아 있습니다. 남자가 여자에게 말합니다. "고백할 게 있어요. 2년 전, 다른 여자와 성관계를 가졌어요. 그때는 내가 주님을 멀리 떠났을 때였고, 딱 하룻밤의 일이었어요. 그 일을 생각하면 정말 고통스러워요. 하나님이 나를 용서하셨다고 믿지만, 당신에게 용서를 구하고 싶어요."

몇 주 후, 여자는 눈물을 흘리며 남자를 용서하고, 두 사람은 결혼합니다. 그리고 첫날밤, 남자는 아내의 눈에 흐르는 눈물을 보고 묻습니다. "무슨 일이에요?" 아내가 대답합니다. "당신 옆에 누워 있던 그 여자가 자꾸 생각이 나요."

그리고 몇 년 뒤, 아내의 몸에서 신선한 감각을 느끼지 못하게 되자, 남편은 자기도 모르게 예전의 그 스릴 넘치던 하룻밤을 떠올립니다. 이것이 제가 말하는 상처 자국입니다. 그리고 우리는 모두 이런 상처 자국을 가지고 있습니다.

우리는 모두 죄를 지었습니다. 비록 용서를 받았지만, 그 죄는 현재의 삶을 보다 힘들게 만듭니다.

이 상처 자국에 대해 그리스도께서 아무것도 하실 수 없다는 말이 아닙니다. 그리스도께서는 이 상처 자국이 일으키는 문제를 모두 없애 주지는 않으십니다. 그러나 우리가 이 모든 문제 속에서 그리스도를 사랑하고 또 그분의 뜻에 따를 때 우리의 유익을 위해 일하겠다고 약속하셨습니다.

방금 전 예로 든 그 가상의 커플을 생각해 보십시오. 저는 그들이 행복한 결말을 맞이했으면 합니다. 두 사람이 끊임없이 기도하고, 하나님의 은혜를 의지하며, 서로 솔직하게 대화를 나누고 결국 만족스러운 부부 관계에 이르렀으면 합니다. 자신이 느끼는 감정을 서로에게 모두 이야기했으면 합니다. 아무것도 숨기지 않았으면 합니다. 서로를 신뢰하고 서로 도왔으면 합니다. 그들이 평안과 성적인 조화 그리고 무엇보다도 새로운 차원의 하나님의 은혜에 이르는 길을 발견했으면 합니다.

그리스도께서는 우리가 그분 안에서 죄로부터 자유로운 부부 관계를 누리도록 죽으셨을 뿐 아니라, 심지어 우리의 상처를 통해 우리에게 영적인 유익을 주기 위해 죽으셨습니다.

셋째, 믿음은 성관계를 사탄에 대항할 무기로 사용합니다

믿음은 부부 관계를 통해 사탄에 맞섭니다. 다음 성경 구절을 보십시오.

"남편은 그 아내에 대한 의무를 다하고 아내도 그 남편에게 그렇게 할지라 아내는 자기 몸을 주장하지 못하고 오직 그 남편이 하며 남편도 그와 같이 자기 몸을 주장하지 못하고 오직 그 아내가 하나니 서로 분방하지 말라 다만 기도할 틈을 얻기 위하여 합의상 얼마 동안은 하되 다시 합하라 이는 너희가 절제 못함으로 말미암아 사탄이 너희를 시험하지 못하게 하려 함이라"(고전 7:3-5).

바울은 이렇게 말하는 것입니다. "충분한 부부 관계를 통해 사탄을 막으십시오. 너무 오래 금욕하지 말고 곧 다시 한 몸이 되어 사탄이 틈타지 못하게 하십시오." 그런데 에베소서 6장 16절에서는 믿음의 방패로 사탄을 대적하라고 합니다. 글쎄, 어느 쪽이 맞습니까? 부부 관계로 사탄을 대적해야 합니까, 믿음의 방패로 사탄을 대적해야 합니까?

결혼한 사람들을 위한 답은 "믿음은 부부 관계를 은혜의 수단으로 사용한다."는 것입니다. 부부 관계는 하나님이 결혼으로 이끄신 사람들로 하여금 성적 유혹을 이기도록 정하신 수단입니다. 그리고 믿음은 이 선물을 겸허하게 받고 감사를 드립니다.

앞서 인용한 고린도전서의 말씀을 보십시오. 바울은 남편과 아내가 서로의 몸에 대한 권리를 가진다고 말합니다. 두 사람이 하나가 될 때, 둘은 자기 몸을 온전히 상대방의 뜻에 맡기는 것입니다. 두 사람은 각자 성적 만족을 위해 상대방의 몸을 주장할 권리가 있습니다. 그러나 우리가 꼭 알아야 할 것은 이러한 권리에 대해 바울이 한 말입니다.

바울은 "그러므로 자기 몫을 주장하라! 권리를 행사하라!"고 말하지 않습니다. 그는 "남편은 그 아내에 대한 의무를 다하고 아내도 그 남편에게 그렇게 할지라"(3절)고 말합니다. 그리고 "서로 분방하지 말라"(5절)고 말합니다.

바울은 상대방에 대한 배려 없이 자신의 성적 욕구만을 채우라고 권하지 않습니다. 그보다는 남편과 아내 모두에게 상대방이 원할 때 자기 몸을 내줄 준비가 되어 있어야 한다고 말합니다.

여기에서, 그리고 예수님의 일반적인 가르침에서 우리는 행복한 부부 관계의 비결을 알 수 있습니다. 그 비결은 바로 상대방에게 만족을 주고자 노력하는 서로입니다. 상대방을 행복하게 하는 것이 서로의 기쁨이라면, 숱한 문제가 해결될 것입니다.

남편들이여, 아내에게 만족을 주는 것이 당신의 기쁨이라면, 아내가 원하는 것들에 민감할 것입니다. 밤 10시의 만족스러운 부부 관계는, 아침 9시의 부드러운 말과 낮 동안 베푼 친절과 배려에서 시작된다는 것을 알 것입니다. 그리고 때가 되었을 때 성급하게 밀어붙이지 않고, 아내에게 맞춰 그녀를 능숙하게 인도할 것입니다. 아내가 신호를 줄 때까지 "내가 아니라 당신이 절정에 오르는 게 목표야."라고 말할 것입니다. 그리고 결국 받는 것보다 주는 것이 더 큰 복임을 알게 될 것입니다.

아내들이여, 늘 그렇지는 않지만 남편은 당신보다 더 자주 부부 관계를 원할 것입니다. 마르틴 루터는 자신이 일주일에 두 번 마귀의 유혹으로부터 크게 보호를 받았다고 말했습니다. 그때마다 그의 아내인 케이티가 기꺼이 자신을 내주었는지는 모르겠습니다. 하지만 만약 당신이 그렇게 하고 있지 않다면 어쨌든 자신을 내주십시오.

저는 남편들에게 "어쨌든 아내를 취하십시오."라고 말하지 않겠습니다. 사실 아내를 위해 남편은 절제할 수 있습니다. 목표는 서로 상대방이 원하는 것을 넘치게 주는 것입니다. 남편과 아내 모두 서로를 최대한 만족시키는 것을 목표로 삼으십시오.

"모든 사람은 결혼을 귀히 여기고 침소를 더럽히지 않게 하라"(히 13:4).

다시 말해 부부 관계에서 죄를 짓지 마십시오. 하나님의 약속을 믿는 믿음에서 나온 태도와 행동만을 취하십시오.

우리는 늘 정기적으로 이렇게 자문해야 합니다. "내가 느끼는 것이나 행하는 것이 믿음으로 인한 만족에 기인하는가, 아니면 불신앙에서 오는 염려와 불안에 기인하는가?" 그러면 크고 작은 무수한 윤리적 결정을 내리는 데 도움이 될 것입니다.

이 장에서 저는 부부 관계의 세 가지 측면에 있어 믿음이 어떤 영향을 미치는지 보여 주고자 했습니다.

믿음은 첫째, 부부 관계는 선하고 정결하며, 믿는 자들과 진리를 아는 자들이 감사함으로 받아야 한다는 하나님의 말씀을 신뢰합니다.

둘째, 믿음은 과거의 죄로부터 우리를 자유롭게 함으로써 부부 관계의 기쁨을 더합니다. 믿음은 그리스도께서 우리의 모든 죄를 위해 죽으셨으며, 그리스도 안에서 우리가 죄로부터 자유로운 부부 관계를 누릴 수 있다는 약속을 신뢰합니다.

셋째, 믿음은 부부 관계를 사탄에 대적하는 무기로 사용합니다. 부부가 서로에게 되도록 많은 성적 만족을 주고자 할 때, 태곳적 뱀의 머리에 강력한 한 방을 날릴 수 있습니다. 결혼의 성적인 면이 주는 그 모든 기쁨에 더해, 부부 관계가 우리의 오랜 적에 맞설 엄청난 무기라니, 주님을 찬양합니다!

히브리서 13장에는 결혼에 대해 우리에게 들려줄 말이 훨씬 더 많습니다. 이것이 우리가 다음 장에서 다시 히브리서 13장으로 돌아가는 이유입니다.

_____가 _____에게 ♥

_____가 _____에게 ♥

 존 파이퍼 목사님의 설교 "Let Marriage Be Held in Honor : Thinking Biblically About So-Called Same-Sex Marriage"로 연결됩니다.

5장

당신의 결혼은 하나님께 소중합니다

¹형제 사랑하기를 계속하고 ²손님 대접하기를 잊지 말라 이로써 부지중에 천사들을 대접한 이들이 있었느니라 ³너희도 함께 갇힌 것 같이 갇힌 자를 생각하고 너희도 몸을 가졌은즉 학대 받는 자를 생각하라 ⁴모든 사람은 결혼을 귀히 여기고 침소를 더럽히지 않게 하라 음행하는 자들과 간음하는 자들을 하나님이 심판하시리라 ⁵돈을 사랑하지 말고 있는 바를 족한 줄로 알라 그가 친히 말씀하시기를 내가 결코 너희를 버리지 아니하고 너희를 떠나지 아니하리라 하셨느니라 ⁶그러므로 우리가 담대히 말하되 주는 나를 돕는 이시니 내가 무서워하지 아니하겠노라 사람이 내게 어찌하리요 하노라

_히브리서 13장 1-6절

존 파이퍼 목사님의 설교 "Let Marriage Be Held in Honor Among All"로 연결됩니다.

앞에서 다룬 히브리서 13장을 이번에는 "결혼을 귀히 여기고"라는 말씀에 초점을 맞추어, 그것이 그리스도인 부부에게 공적으로나 사적으로 어떤 의미인지 살펴보겠습니다.

자신의 결혼을 소중히 여기십시오

'귀히 여기다'(honor)라는 말은 신약에서 '소중한'(precious)이라는 뜻으로 많이 사용되었습니다. 고린도전서 3장 12절에서 "금이나 은이나 보석"을 말할 때, 베드로전서 1장 19절에서 예수님의 "보배로운 피"를 말할 때, 베드로후서 1장 4절에서 하나님의 "그 보배롭고 지극히 큰 약속" 등을 말할 때 사용되었습니다.

즉 '결혼을 귀히 여기다.'라는 말은 '결혼을 소중히 하다.'라는 뜻입니다. 성경은 결혼, 특히 자신의 결혼을 늘 소중히 여겨야 한다고 말합니다. 그러니 자신의 결혼을 금이나 은이나 보석처럼 소중히 여기십시오. 당신이 아는 가장 고상하고 덕스러운 사람처럼 대하십시오. 대단히 희귀하고 값비싼 무엇으로 여기십시오.

자신의 결혼을 생각할 때 거룩하고 성스러운 느낌을 떠올리십시오. 자신의 결혼을 쉽게 보거나 가볍게 다루어서는 안 됩니다. 하나님이 보시기에 결혼은 소중합니다. 그렇기에 하나님은 "모든 사람은 결혼을 귀히 여기고"라고 말씀하셨습니다.

하나님의 관점에서 힌트를 얻으십시오

여기서 저는 결혼을 앞둔 두 분에게 예수님의 이름으로 요청합니다. 하나님의 영광과 두 분의 기쁨과 두 분이 속한 공동체의 유익을 위해 세속적인 서구 사회의 결혼관이 아닌 결혼에 관한 하나님의 뜻을 따르십시오.

어느 여름, 우리 가족은 누가복음을 읽다가 14장 끝에서 "너희 중의 누구든지 자기의 모든 소유를 버리지 아니하면 능히 내 제자가 되지 못하리라"(33절)는 말씀과 맞닥뜨렸습니다. 예수님은 천국을 위해 세상 것들과 거리를 두라고 요청하시고는, 갑자기 이렇게 말씀하십니다. "소금이 좋은 것이나 소금도 만일 그 맛을 잃으면 무엇으로 짜게 하리요 땅에도, 거름에도 쓸 데 없어 내버리느니라 들을 귀가 있는 자는 들을지어다"(34-35절).

왜 갑자기 소금 이야기를 하셨을까요? 저는 우리가 세상의 가치에서 벗어나 하나님의 가치를 받아들이는 만큼만 세상의 소금이 된다고 가족에게 설명했습니다. 사람들은 입고 먹고 마시고 다니고 놀 거리를 구합니다. 그러나 우리는 이 모든 것에서 자유로워야 합니다. 먼저 천국을 구하십시오. 그러면 세상의 소금이 될 것입니다.

세상은 맛없는 싸구려 햄버거와 같습니다. 따분하고 시시하지요. 부패를 방지하고 영원한 기쁨이라는 맛을 더하려면 소금이 필요합니다. 그러나 오늘날 많은 교회는 세상의 자극(인터넷, 텔레비전, 라디오, 팟캐스트, 신문, 잡지, 앱)을 받아들이고, 세속문화를 종교적으로 포장한 목소리를 냅니다.

이 모두는 교회가 또 하나의 시시한 햄버거라는 사실을 드러낼 뿐입니다. 이런 교회가 득세하면 간이 적당한 햄버거를 먹을 수 없습니다. 심심하고 맛없고 영적인 기쁨이 없는 햄버거 두 개를 맛볼 뿐입니다.

따라서 저는 결혼 문제와 관련해 세상 관점을 따르지 마시기를 요청합니다. 두 분이 결혼에 대해 어떻게 생각하고 느낄지는 이 시대가 아닌 하나님께 힌트를 얻으십시오. 그분 자신의 영광과 그 백성의 유익을 위해 천지를 창조하시고, 결혼을 포함해 그 안의 모든 것을 지으신 하나님께로부터 말입니다. 그것이 세상의 소금이 되는 방법입니다.

히브리서 13장 맛보기

"결혼을 귀히 여기라"는 이 명령을 제대로 음미하도록 히브리서 13장 4절의 전후 문맥을 보겠습니다. 히브리서 13장 1-6절은 무미건조한 행동 규칙들의 나열이 아닙니다. 여기에는 사랑과 연민, 확신, 소망, 자유가 담겨 있습니다.

- 1절은 "형제 사랑하기를 계속하라"고 말합니다. 그러므로 계속해서 그리스도인들을 사랑하십시오. 서로에 대한 깊은 사랑으로 교제하십시오.
- 2절은 친숙한 그리스도인들만 사랑하지 말고 낯선 이들도 사랑하라고 말합니다. 낯선 이들을 환대하십시오(부록 1에 이

에 대한 논의가 나옵니다). 하나님이 예기치 못한 복을 주실 것입니다.

- 3절은 갇힌 자들과 학대받는 자들을 사랑하라고 말합니다.

동료 그리스도인들을 사랑하고, 낯선 이들을 사랑하고, 갇힌 자들을 사랑하십시오.

그다음에 결혼을 귀히 여기고 침소를 더럽히지 말라는 4절 말씀이 나옵니다. 앞 장에서 보았듯 이 구절 다음에는 "돈을 사랑하지 말라"(5절)는 말씀이 나옵니다. 그리고 이 말씀은 하나님이 결코 당신을 버리지 아니하고 떠나지 아니하리라는 약속으로 이어집니다. 하나님을 신뢰하면, 돈을 갈망하지 않아도 되도록 하나님이 도우실 것입니다.

이것이 예수님의 삶을 닮은 급진적인 삶입니다. 돈을 사랑하지 마십시오. 하나님을 신뢰하십시오. 그리스도인들을 사랑하고, 낯선 이들을 사랑하고, 갇힌 자들을 사랑하고, 학대받는 자들을 사랑하십시오.

그리고 이 모든 급진적이며 세속적이지 않은, 하나님을 닮은 삶의 방식에 관한 말씀들 한가운데 "결혼을 귀히 여기고 침소를 더럽히지 않게 하라"는 말씀이 나옵니다.

두 분이 결혼에 대한 이 명령을 어떻게 들으셨는지 모르겠습니다. 저는 이렇게 들었습니다. 그리스도인들을 사랑하고, 낯선 이들을 사랑하고, 갇힌 자들을 사랑하고, 학대받는 자들을 사랑하고, 돈을 사랑하지 말고, 하나님이 돌보실 것을 믿으라는 말씀들 한가운데 결혼을 귀히 여기라는 말씀이 나오다니, 마치 복음과 같구나!

결혼, 특히 자신의 결혼을 귀히 여기는 것은 그리스도인을 사랑하는 것과 같습니다. 결혼을 귀히 여기는 것은 낯선 이를 사랑하는 것과 같습니다. 결혼을 귀히 여기는 것은 갇힌 자들을 사랑하는 것과 같습니다. 결혼을 귀히 여기는 것은 돈을 사랑하지 않는 것과 같습니다.

그래서 저는 "음행하는 자들과 간음하는 자들을 하나님이 심판하시리라"(4절)는 말씀을 보았을 때, 분노를 참을 수 없어 그들에게 한 방 먹이시려는 하나님의 모습을 떠올리지 않았습니다. 그보다는 보다 깊은 차원의, 사람들을 향한 하나님의 사랑을 떠올렸습니다.

우리가 그리스도인들을 사랑할 때 하나님은 이를 사랑하십니다. 우리가 낯선 이들을 사랑할 때 하나님은 이를 사랑하시며, 우리가 갇힌 자들을 사랑할 때 하나님은 이를 사랑하십니다. 우리가 돈을 사랑하지 않고 하나님이 우리의 필요를 채우실 것을 믿을 때 하나님은 이를 사랑하십니다. 우리가 결혼을 소중하게 여길 때 하나님은 이를 사랑하십니다. 어떤 이유에서일까요?

사랑은 그리스도인들에게 유익하기 때문입니다. 사랑은 낯선 이들에게 유익하기 때문이며, 사랑은 갇힌 자들에게 유익하기 때문입니다. 돈을 사랑하지 않는 것은 우리 영혼에 유익하기 때문이고, 결혼을 소중하게 여기는 것은 우리와 우리 사회에 유익하기 때문입니다. 따라서 결혼을 소중히 여기지 않고 침소를 더럽히는 자들을 하나님이 심판하지 않으신다면, 그분께 사랑이 없다는 뜻이 됩니다.

히브리서 13장 1-6절을 충분히 음미하시기 바랍니다. 그 안에는 하나님과 그분의 크신 사랑, 심판에 대한 경고, 그리고 우리가 하나님을 신뢰할 때 그분은 결코 우리를 떠나거나 버리지 않으신다는 약속이 들어 있습니다. 결혼을 귀히 여기고 침소를 더럽히지 말라는 성경의 요청을, 급진적이고 자유로우며 사랑이 많고 반(反)문화적인 그리스도인이 되라는 예수님의 부르심으로 듣기 바랍니다.

자신의 결혼을 소중히 하는 구체적인 방법

이제 도덕과 윤리가 무너져 가는 세상 문화에 성경적으로 대처할 몇 가지 생각을 말씀드리려 합니다. 두 분이 현재에, 그리고 미래에 결혼을 귀히 여길 구체적인 방법들을 그려 봄으로써 말이지요.

1. 결혼이 아닌 것과 혼동하지 마십시오

여기서 제가 염두에 두는 것은 두 남자 혹은 두 여자 사이의 동성애적 관계입니다. 우리는 급변하는 시대에 살고 있습니다. 몇십 년 전만 해도 동성 간의 결혼을 인정하는 사회는 없었습니다. 동성 간의 결혼은 세계사적으로 선례가 없는 일입니다.

인류가 수천 년간 동일한 결혼 제도를 유지한 것은 우연이 아닙니다. 사도 바울은 동성애적 관계가 성경에서뿐만 아니라 자연에서도 죄로 드러났다고 말합니다.

> "이 때문에 하나님께서 그들을 부끄러운 욕심에 내버려 두셨으니 곧 그들의 여자들도 순리대로 쓸 것을 바꾸어 역리로 쓰

며 그와 같이 남자들도 순리대로 여자 쓰기를 버리고 서로 향하여 음욕이 불 일듯 하매 남자가 남자와 더불어 부끄러운 일을 행하여 그들의 그릇됨에 상당한 보응을 그들 자신이 받았느니라"(롬 1:26-27).

이 소중한 결혼 제도가 왜 동성 간의 결합이 될 수 없는지 성경을 통해 간략하게 보여 드리겠습니다.

성경에 의하면 결혼은 하나님이 만드신 것으로, 다음과 같이 정의할 수 있습니다. "결혼은, 남편과 아내로서 평생 서로에게만 충실하기로 한 남녀 간의 성적이고 언약적인 연합입니다. 그리고 결혼의 목적은 그리스도와 그의 피로 사신 교회 사이의 언약 관계를 나타내는 것입니다." 이제 성경 본문 네 곳을 통해 이 정의를 뒷받침하겠습니다.

남자와 여자를 창조하셨다

"하나님이 자기 형상 곧 하나님의 형상대로 사람을 창조하시되 남자와 여자를 창조하시고 하나님이 그들에게 복을 주시며 하나님이 그들에게 이르시되 생육하고 번성하여 땅에 충만하라, 땅을 정복하라, 바다의 물고기와 하늘의 새와 땅에 움직이는 모든 생물을 다스리라 하시니라"(창 1:27-28).

하나님은 남자와 여자를 창조하시고, 그들에게 하나님의 영광으로 땅을 충만하게 하라는 사명을 주셨습니다. 하나님의 영광스러운 형상대로 지음받은 사람은, 하나님의 아름다우심과 위대하심을 반영하고자 존재하기 때문입니다. 태초부터 인류는 남자와 여자, 즉 두 종류의 서로 다른 영광스러운 존재로 이루어져 있습니다.

성적 연합과 언약적 연합

창세기 2장에서 하나님은 남자와 여자를 위한 그분의 계획을 결혼과 연결하셨습니다. 성경은 아담의 갈빗대로 여자가 만들어졌을 때를 이렇게 묘사합니다. "아담이 이르되 이는 내 **뼈** 중의 **뼈**요 살 중의 살이라 이것을 남자에게서 취하였은즉 여자라 부르리라 하니라 이러므로 남자가 부모를 떠나 그의 아내와 합하여 둘이 한 몸을 이룰지로다"(23-24절).

하나님은 남자와 여자를 창조하셨습니다. 그리고 그들 사이에 성적 연합("한 몸을 이룰지로다")을 만드심으로 인류를 번성시키고자 하셨습니다. 더불어 그들 사이에 언약적 연합("아내와 합하여")을 만드심으로 자기 백성과의 언약을 나타내고자 하셨습니다.

하나님이 그리스도와 그 백성의 관계라는 본 위에 결혼을 계획하신 것은 예수님이 다시 오시기 전에는 완전히 드러나지 않을 심오한 신비입니다. 그리고 우리는 장차 이를 알게 될 것입니다.

결혼에 대한 하나님의 계획

예수님은 창조와 결혼과 평생의 언약 사이의 연관성을 아시고는 두 본문을 하나로 엮으셨습니다.

"사람을 지으신 이가 본래 그들을 남자와 여자로 지으시고[창 1:27] 말씀하시기를 그러므로[창조와 결혼을 연결시킴] 사람이 그 부모를 떠나서 아내에게 합하여 그 둘이 한 몸이 될지니라[창 2:24] 하신 것을 읽지 못하였느냐 그런즉 이제 둘이 아니요 한 몸이니 그러므로 하나님이 짝지어 주신 것을 사람이 나누지 못할지니라 하시니"(마 19:4-6).

예수님은 결혼에 관한 말씀을 남자와 여자의 창조와 연결시키시며 남자와 여자의 연합이 '하나님이 모든 결혼에 대해 세우신 계획의 본질적인 부분'임을 보이셨습니다.

말씀을 보십시오. 하나님은 결혼을 통해 무엇을 '짝지어' 주셨습니까? 한 남자와 한 여자를 짝지어 주셨습니다. 성적 실험과 일탈이 허다한 오늘날, 이는 대단히 논란의 소지가 많은 입장일 수 있습니다.

그리스도와 교회를 반영하는 결혼

결혼의 가장 깊은 의미에 있어 남자와 여자의 연합이 그 본질이라는 사실을 보다 분명히 하는 또 하나의 성경 본문이 있습니다.

"교회가 그리스도에게 하듯 아내들도 범사에 자기 남편에게 복종할지니라 남편들아 아내 사랑하기를 그리스도께서 교회를 사랑하시고 그 교회를 위하여 자신을 주심 같이 하라……그러므로 사람이 부모를 떠나 그의 아내와 합하여 그 둘이 한 육체가 될지니[창 2:24] 이 비밀이 크도다 나는 그리스도와 교회에 대하여 말하노라"(엡 5:24-32).

처음부터 결혼에는 심오하고 신비한 뜻이 있었습니다. 그 비밀은 바로 하나님이 남자와 여자를 만드실 때, 그들이 그리스도와 교회의 언약적 사랑을 남편과 아내로서 나타내 보이도록, 그들에게 뚜렷한 남성성과 여성성을 주셨고, 또한 뚜렷한 성 역할을 주셨다는 것입니다.

이는 남편과 아내의 기본적인 역할을 서로 맞바꿀 수 없음을 의미합니다. 남편은 머리로서 그리스도의 희생적인 사랑을 보여야 하고, 아내는 기꺼이 남편의 리더십을 따르며 하나님이 그 백성을 위해 계획하신 '언약을 지키는 역할'을 수행해야 합니다.

하나님은 인간을 남자와 여자로 창조하실 때 이 두 가지 관계(그리스도와 교회의 관계, 남편과 아내의 관계)를 염두에 두셨습니다. 이것이 결혼의 신비입니다. 우주에서 가장 심오한 실체가 남자와 여자의 언약적 연합인 결혼에 있습니다.

그러므로 동성 간의 결합은 하나님이 계획하신 결혼을 구현하지 못합니다. 두 남자 혹은 두 여자는 남자와 여자가 결혼을 통해 나타내게 되어 있는 신비를 보여 주지 못합니다.

간단하고 분명하게 말해 '동성 간의 결혼'이란 존재하지 않습니다. 정부에서 이를 법제화한다면 결혼이라 부를 수도 있겠지만, 이것은 결혼이 아닙니다. 동성 간의 결혼이라고 불리는 것은 존재해서는 안 될 뿐 아니라, 존재하지도 않고, 존재할 수도 없습니다.

오해가 없도록 말씀드리자면, 동성애적 성향과 동성애는 다릅니다.

성경이 "하나님의 나라를 유업으로 받지 못하리라"(고전 6:10)고 말하는 "남색하는 자"는, 하나님의 진리를 거부하고 실제로 동성애를 하는 사람들을 가리킵니다. 그러나 동성에게 끌리는 많은 경건한 남자와 여자가 있습니다. 그들은 이러한 성향을 거부하고, 자기를 부인하며, 성적으로 순결한 삶을 삽니다. 이성애적 성향이 있는 많은 경건한 독신 남녀가 성적 욕구를 충족시키지 않는 것과 마찬가지로 말이지요.

저는 결혼을 앞둔 두 분이 예수 그리스도의 복음 위에 관계를 쌓아 감으로써 서로를 거듭거듭 용서하기를, 죄로 인해 생겨난 상처와 갈등 위에 다시금 복음의 기쁨을 쌓아 가기를 기도합니다.

복음 위에 결혼 관계를 쌓아 간다면, 주변의 상처받은 사람들과 죄로 인해 고통받는 사람들에게 은혜의 사역을 할 수 있을 것입니다. 여기에는 동성에게 끌리는 사람들을 친절하고 따뜻하게 맞아 주는 것도 포함됩니다. 두 분은 동성애에 대해 강력하게 경고하는 고린도전서 6장 10절의 빛뿐 아니라, 11절의 소망 가득한 빛 안에서 살게 될 것입니다. "너희 중에 이와 같은 자들이 있더니 주 예수 그리스도의 이름과 우리 하나님의 성령 안에서 씻음과 거룩함과 의롭다 하심을 받았느니라."

이것이 성경적인 기독교의 핵심입니다. 고린도 교회에는 음행하는 자와 간음하는 자, 도적, 술 취한 자와 남색하는 자가 있었습니다. 그들이 죄와의 싸움에서 도우심을 구하며 그리스도께로 돌이켰을 때 그들은 쫓겨나지 않았습니다. 그들은 교회 안에 받아들여졌습니다.

그들이 받아들여진 방식은 "예수 그리스도의 이름[으로]······ 의롭다 하심을" 받은 것입니다. 그들은 예수님을 신뢰하고 죄에서 돌이켰으며, 하나님은 그러한 그들을 의롭게 여기셨습니다. 하나님은 자신의 순결함을 그들에게 전가하셨고, 그들을 용납할 만하다 여기셨으며, 그들을 그분의 가족으로 받아들이셨습니다. 우리의 가족으로 받아들이셨습니다.

두 분의 결혼이 이처럼 복음에 흠뻑 젖은 그런 결혼이 되었으면 합니다. 급변하는 이 시대, 중심을 잃지 말고 굳건히 서십시오. 두 분의 결혼이 '남편과 아내로서 평생 서로에게만 충실하기로 한 남녀 간의 성적이고 언약적인 연합'으로서 '그리스도와 그의 피로 사신 교회의 관계'를 나타내기를 바라고 기도합니다.

결혼에 대한 이 같은 비전은 두 분께 큰 축복을 안겨 줄 것입니다. 두 분의 결혼을 통해 복음의 아름다움을 목격할 사람들은 얼마나 복이 있는지요!

2. 음행하거나 간음하지 마십시오

결혼을 귀히 여기는 두 번째 방법은 음행하거나 간음하지 않는 것입니다. 히브리서 13장 4절 하반절이 이를 말하고 있습니다. "침소를 더럽히지 않게 하라 음행하는 자들과 간음하는 자들을 하나님이 심판하시리라."

히브리서 저자는 결혼을 귀히 여기지 않고 침소를 더럽히는 것으로 음행과 간음, 두 가지를 이야기합니다. 둘 모두 법적인 배우자가 아닌 사람과 성관계를 맺는 죄악입니다. 그가 결혼을 했다면 간음이 되고, 결혼하지 않았다면 음행이 되는 것이지요.

두 가지 모두 결혼을 귀히 여기지 않고 침소를 더럽히는 일입니다. 거룩하고 안전하며 궁극적인 기쁨을 누리는 성관계는 오직 '결혼' 안에서만 가능합니다(고전 7:2 참조). 본문은 하나님이 음행하는 자들과 간음하는 자들을 심판하신다고 말합니다. 그들이 결혼을 귀히 여기지 않고 침소를 더럽혔기 때문입니다. 다시 말해, 기쁘게 받아 누릴 것을 파괴하고도 회개하지 않는 자들에게 하나님의 심판이 떨어집니다.

여기서 '회개하지 않는'이라는 말은 결혼을 귀히 여기고 침소를 더럽히지 않는 세 번째 방법으로 우리를 이끕니다.

3. 용서와 기쁨과 소망이 있는 삶을 사십시오

우리는 지저분한 과거를 용서받고 정결하고 행복한 미래를 살 때 결혼을 귀히 여기게 됩니다.

고린도전서 6장 9절은 하나님이 음행하는 자들과 간음하는 자들을 심판하신다는 말씀을 확증하고는 11절에서 이렇게 말합니다. "너희 중에 이와 같은 자들이 있더니 주 예수 그리스도의 이름과 우리 하나님의 성령 안에서 씻음과 거룩함과 의롭다 하심을 받았느니라."

음행하는 자들과 간음하는 자들에게는 확실히 심판이 있습니다. 그러나 그들 모두에게 심판이 있는 것은 아닙니다. 심판을 피할 수 있는 사람이 있습니다.

히브리서가 이를 분명하게 가르칩니다. "한번 죽는 것은 사람에게 정해진 것이요 그 후에는 심판이 있으리니 이와 같이 그리스도도 많은 사람의 죄를 담당하시려고 단번에 드리신 바 되셨고 구원에 이르게 하기 위하여 죄와 상관 없이 자기를 바라는 자들에게 두 번째 나타나시리라"(히 9:27-28).

우리에게는 심판이 있을 것입니다. 그러나 그리스도께서 많은 사람의 죄를 대신 지셨습니다. 많은 사람이 범한 음행과 간음에 대해 그리스도께서 대신 심판을 받으셨습니다. 그리고 이제 그분이 다시 오실 것입니다. 같은 일을 반복하기 위해서가 아니라, 우리를 최후의 심판으로부터 구원하시기 위해 말입니다.

히브리서 10장 12-13절을 보십시오. "오직 그리스도는 죄를 위하여 한 영원한 제사를 드리시고 하나님 우편에 앉으사 그 후에 자기 원수들을 자기 발등상이 되게 하실 때까지 기다리시나니." 우리는 다시 두 가지를 알게 됩니다. 그리스도께서 우리의 음행이나 간음 같은 죄를 대신 지셨고, 죽으심으로써 그 죗값을 치르셨습니다. 그러나 거기서 끝이 아닙니다. 그리스도의 원수들이 그분의 발등상이 되는 날이 올 것입니다. 그리고 그때 심판이 있을 것입니다.

여기서 우리는 두 그룹의 사람들을 봅니다. 예수님으로 인해 그들의 죄를 용서받은 사람들과(히 8:12, 10:17) 심판의 날에 그들의 죄가 자기 머리 위로 떨어질 사람들을 말이지요. 두 그룹의 차이는 죄에서 돌이키고 예수님을 통해 하나님께 나아가느냐에 있습니다. 히브리서 7장 25절은 예수님이 "자기를 힘입어 하나님께 나아가는 자들을 온전히 구원하실 수 있다"고 말합니다.

그러므로 교제 기간 내내, 결혼 생활 내내 지속적으로 음행과 간음에서 돌이키십시오. 예수님을 통해 하나님께 나아가십시오. 그러면 하나님은 언제나 당신을 구원해 주실 것입니다. 당신의 지저분한 과거를 용서하시고 당신이 정결하고 행복한 미래를 살게 하실 것입니다.

이 같은 삶이
결혼을 소중히 하는 삶인 이유

결혼을 소중히 하는 삶은 하나님께 용서받고 소망 가운데 살아가는 삶입니다. 결혼은 그리스도와 그 신부 된 교회의 사랑하는 관계를 반영하는 생생한 드라마이기 때문입니다(엡 5장

참조). 결혼에 대한 하나님의 이 같은 의도를 귀히 여기는 사람은 하나님이 의도하신 대로, 용서와 정결함과 기쁨이 있는 삶을 삽니다.

이 밖에도 말씀드릴 게 너무나 많지만, 나머지는 성령님의 역사하심과 하나님의 말씀, 그리고 두 분의 삶 가운데 드려지는 기도에 맡기고자 합니다. 하나님께서 두 분을 타락한 세상 가운데 삶을 통해 선을 드러내는 소금 같은 존재로 만드시기를 기도합니다.

_____가 _____에게 ♥

_____가 _____에게 ♥

존 파이퍼 목사님의 설교 "The Surpassing Goal: Marriage Lived for the Glory of God"으로 연결됩니다.

6장

서로를 더 많이, 더 적게 사랑하십시오

아내에게 줄 수 있는 최고의 선물은
아내의 목숨보다 하나님을 더 사랑하는 것.
그리하여 나는 이제 말한다.
아내를 축복하거라.
아내를 더 적게 사랑함으로써
더 많이 사랑하기를.

_존 파이퍼가 결혼하는 아들을 위해 쓴 시 중에서

이제 마지막 장에 이르렀습니다. 우리의 마지막 주제는 "하나님의 영광을 위한 결혼"입니다. "결혼을 위한 하나님의 영광"도 아니고, "하나님의 영광에 의한 결혼"도 아닙니다. 바로 "하나님의 영광을 위한 결혼"입니다.

'위한'이라는 이 단어는 뒤에 따라오는 단어에 근본적으로 앞서는 것이 있음을 의미합니다. 무엇이 앞서는지는 명확합니다. 하나님이 궁극적으로 중요하며, 결혼은 그렇지 않습니다. 하나님이 가장 중요한 실체이며, 결혼은 보다 덜(훨씬 덜 그리고 무한히 덜) 중요합니다.

결혼은 하나님의 진실하심과 존귀하심과 아름다우심과 위대하심을 더욱 크게 드러내기 위해 존재합니다. 하나님이 결혼을 더욱 크게 드러내기 위해 존재하시지 않습니다. 이 순서가 피부로 와닿지 않는다면, 하나님의 영광을 드러내는 결혼이 아닌 하나님의 영광과 경쟁하는 결혼을 경험할 것입니다.

"하나님의 영광을 위한 결혼"이라는 주제를 이야기하기 전에 이렇게 질문하고 싶습니다. 왜 결혼입니까? 결혼이라는 게 왜 있을까요? 결혼은 왜 존재하나요? 왜 우리는 결혼하나요?

이 질문은 보다 큰 질문의 일부입니다. 이를테면, "이것이 존재하는 이유는 무엇인가?", "우리는 왜 존재하는가?", "성관계는 왜 존재하는가?", "지구와 태양과 달과 별은 왜 존재하는가?", "동물과 식물과 바다와 산과 원자와 은하는 왜 존재하는가?"와 같은 질문들 말입니다.

이 모든 질문에 대한 답은, 모두 하나님의 영광을 위해 존재한다는 것입니다. 이 모두는 하나님의 진실하심과 존귀하심과 아름다우심과 위대하심을 더욱 크게 드러내기 위해 존재합니다. '현미경'이 확대하는 방식이 아닌 '망원경'이 확대하는 방식으로 말이지요.

현미경은 작은 것을 실제보다 크게 보이게 하지만, 망원경은 상상을 초월할 만큼 큰 것을 실제와 비슷하게 보이게 합니다. 현미경은 사물의 크기를 실제에서 멀어지게 하지만, 망원경은 실제와 가까워지게 합니다.

모든 것이 하나님의 진실하심과 존귀하심과 아름다우심과 위대하심을 확대하기 위해 존재한다는 말은, 곧 모든 것(특히 결혼)이 사람들의 마음속에서 하나님을 실제와 가까워지도록 한다는 뜻과 같습니다.

궁극적 실체(Ultimate reality)

하나님은 상상도 할 수 없을 만큼 위대하시고, 무한히 존귀하시며, 그 아름다움에 있어서 그분을 능가할 존재가 없습니다. "여호와는 위대하시니 크게 찬양할 것이라 그의 위대하심을 측량하지 못하리로다"(시 145:3).

존재하는 모든 것은 그 궁극적 실체를 드러내기 위해 존재합니다. 하나님은 이사야 선지자를 통해 외치십니다. "내 아들들을 먼 곳에서 이끌며 내 딸들을 땅 끝에서 오게 하며 내 이름으로 불려지는 모든 자 곧 내가 내 영광을 위하여 창조한 자를 오게 하라"(사 43:6-7). 우리는 하나님의 영광을 드러내기 위해 창조되었습니다.

바울은 로마인에게 보내는 편지의 처음 열한 장을 마무리하며 만물의 근원이자 목적이신 하나님을 찬양합니다. "이는 만물이 주에게서 나오고 주로 말미암고 주에게로 돌아감이라 그에게 영광이 세세에 있을지어다 아멘"(롬 11:36).

골로새서 1장 16절에서는 이를 더욱 분명히 합니다. "만물이 그에게서 창조되되 하늘과 땅에서…… 만물이 다 그로 말미암고 그를 위하여 창조되었고"(골 1:16). 여기서 "그를 위하여"라는 말을 "그의 필요를 위하여"나 "그의 유익을 위하여" 또는 "그의 발전을 위하여"라는 뜻으로 생각하는 사람이 있다면, 화가 있기를!

사도행전 17장 24-25절은 더없이 분명히 말합니다. "우주와 그 가운데 있는 만물을 지으신 하나님께서는…… 무엇이 부족한 것처럼 사람의 손으로 섬김을 받으시는 것이 아니니 이는 만민에게 생명과 호흡과 만물을 친히 주시는 이심이라."

"그의 영광을 위하여"와 "그를 위하여"는 "그의 영광을 드러내기 위하여" 또는 "그의 영광을 나타내기 위하여" 또는 "그의 영광을 확대하기 위하여"를 의미합니다.

우리는 이를 깊이 묵상해야 합니다. 태초에 하나님이 계셨습니다. 오직 하나님만이 계셨습니다. 이 우주는 하나님이 창조하신 것으로, 하나님처럼 영원하지 않습니다. 우주는 하나님이 아닙니다. "태초에 말씀이 계시니라 이 말씀이 하나님과 함께 계셨으니 이 말씀은 곧 하나님이시니라…… 만물이 그로 말미암아 지은 바 되었으니"(요 1:1, 3).

하나님이 세상 만물을 지으셨습니다. 하나님이 아닌 모든 것은 하나님에 의해 창조되었습니다. 즉, 한때는 오직 하나님만 존재하셨습니다.

그러므로 하나님이 궁극적 실체이십니다.

우리는 궁극적 실체가 아닙니다. 우주도 궁극적 실체가 아니고, 결혼도 궁극적 실체가 아닙니다. 인류 또한 궁극적 실체가 아니며, 궁극적 가치도 아니고, 또 무엇이 선이고 진리이고 아름다움인지 재는 척도도 아닙니다.

하나님만이 궁극적 실체이시며, 궁극적 가치이시고, 만물의 척도이십니다. 하나님만이 유일하게 궁극적이며 절대적인 분이십니다. 다른 모든 것은 하나님에게서 나오고, 하나님으로 말미암고, 하나님께로 돌아갑니다.

이것이 결혼을 이해하는 출발점입니다. 이를 잘못 이해하면 모든 게 잘못됩니다. 하지만 제대로 이해하면(머리와 마음으로 정말 제대로 이해하면) 두 분의 결혼은 바뀔 것입니다. 두 분의 결혼은 하나님이 의도하신 그런 결혼, 즉 하나님의 진실하심과 존귀하심과 아름다우심과 위대하심을 더욱 크게 드러내는 결혼이 될 것입니다.

결혼은 더 적게, 하나님은 더 많이

이는 매우 단순한 결론, 아주 단순하면서도 파급력이 큰 결론으로 우리를 인도합니다. 결혼이 세상과 교회 안에서 마땅히 있어야 할 곳에 자리하기 원하십니까? 즉 하나님의 진실하심과 존귀하심과 아름다우심과 위대하심을 영화롭게 하는 결혼을 원하십니까? 그렇다면 결혼에 대해서는 더 적게, 하나님에 대해서는 더 많이 듣고 배워야 합니다.

오늘날 젊은이들 대부분이 교제 기간이나 결혼 생활 동안 하나님에 대한 위대한 비전(하나님이 어떤 분이시고, 어떤 성품을 지니셨으며, 어떻게 행동하시는지)을 나누지 않습니다. 세상에는 하나님에 대한 비전이 거의 없다시피 합니다. 하나님은 초청 명단에 들어 있지도 않습니다. 그저 단순히 그리고 참으로 놀랍게도 명단에서 누락되셨습니다.

교회 안에서 젊은 커플들이 나누는 하나님에 대한 관점을 보면 거대하기보다는 작고, 중심적이기보다는 주변적이고, 명확하기보다는 모호하고, 결정적이기보다는 무기력하고, 매혹적이기보다는 따분할 때가 너무나 많습니다. 그래서 하나님께 영광 돌리는 결혼이라는 개념은 그들에게 무의미하고 무력한 것이 될 때가 많습니다.

하나님의 영광 혹은 그의 아들 예수 그리스도의 영광을 '아는 것'에 대해 별 생각이 없고, 거의 시간을 내지 않는 젊은 부부에게 하나님의 영광은 무엇을 의미할까요?

그리고,

- 결코 시작이 없으시며 다만 언제나 계시는 하나님에 대한 무한한 생각으로 우리의 마음을 벅차오르게 하는 영원하신 하나님의 영광은 무엇을 의미할까요?
- 의회 도서관을 성냥갑처럼 보이게 하고 양자 역학을 어린아이들이 읽는 동화처럼 보이게 하는 하나님의 지식의 영광은 무엇을 의미할까요?
- 인간이 조언한 적도 없고 조언할 수도 없는 하나님의 지혜의 영광은 무엇을 의미할까요?
- 그분의 허락이 없이는 어떤 인간이나 영도 단 1센티미터도 움직일 수 없는, 천국과 세상과 지옥을 지배하시는 하나님의 권위의 영광은 무엇을 의미할까요?
- 그분의 뜻 없이는 새 한 마리도 땅에 떨어지지 않고 머리카락 한 올도 잿빛으로 변하지 않는 하나님의 섭리의 영광은 무엇을 의미할까요?

- 우주를 떠받치며, 모든 원자와 분자를 서로 달라붙게 하는 하나님의 말씀의 영광은 무엇을 의미할까요?
- 물 위를 걸으시고, 나병환자를 고치시며, 절름발이를 걷게 하시고, 보지 못하는 자를 보게 하시며, 듣지 못하는 자를 듣게 하시고, 강풍을 잠재우신 하나님의 능력의 영광은 무엇을 의미할까요?
- 결코 죄를 짓지 않고 나쁜 태도나 악한 생각 따위는 조금도 없으신 하나님의 순수성의 영광은 무엇을 의미할까요?
- 약속을 어기지도 땅에 떨어지게 두지도 않으시는 하나님의 신실하심의 영광은 무엇을 의미할까요?
- 우주의 모든 도덕적인 문제를 십자가와 지옥을 통해 해결하신 하나님의 정의의 영광은 무엇을 의미할까요?
- 오랜 세월 우리의 우둔함을 참으시는 하나님의 인내의 영광은 무엇을 의미할까요?
- 십자가 위에서 끔찍한 고통을 기꺼이 감수하겠다고 주권적으로 그리고 종처럼 받아들이신 하나님의 순종의 영광은 무엇을 의미할까요?
- 언젠가 산들과 바위들을 향해 사람들 머리 위로 떨어지라고 명령하실 하나님의 진노의 영광은 무엇을 의미할까요?

- 경건하지 않은 자를 의롭다 하시는 하나님의 은혜의 영광은 무엇을 의미할까요?
- 우리가 아직 죄인 되었을 때 우리를 위해 죽으신 하나님의 사랑의 영광은 무엇을 의미할까요?

사람들이 이 영광을 알고 소중히 여기는 데 거의 아무런 에너지나 시간을 들이지 않는다면, 어떻게 그들이 결혼을 통해 이 영광의 진실함과 존귀함과 아름다움과 위대함을 드러내는 삶을 살 수 있을까요?

제 평생의 사명은 만물을 다스리시는 위대하신 하나님에 대한 열정을 세상에 퍼뜨리는 것입니다. 왜 이 사명을 품을 수밖에 없는지 이해하시리라 생각합니다. 결혼한 사람들의 마음에 하나님의 주권과 영광에 대한 열정이 없다면, 결혼은 하나님의 영광을 위한 것이 되지 못합니다.

그런데 많은 영광 가운데 거하시는 하나님을 모른다면, 하나님의 주권과 영광에 대한 열정을 마음에 품을 수 없습니다. 목사들과 교사들이 지칠 줄 모르는 열정으로 끊임없이, 깊이 있게, 성경적으로, 신실하고 명확하고 철저하게 하나님에 대해 말하지 않는다면, 사람들은 하나님을 알 수 없습니다.

하나님의 영광을 위한 결혼은 하나님의 영광이 깃든 교회의 열매가 됩니다. 그러니 목사님들께 다시 한 번 말씀드립니다. 결혼이 하나님의 진실하심과 존귀하심과 아름다우심과 위대하심을 영화롭게 하기 원한다면, 결혼에 대해서는 더 적게, 하나님에 대해서는 더 많이 가르치고 설교하십시오. 우리가 결혼에 대해 너무 많이 설교해서가 아니라 하나님에 대해 너무 적게 설교해서 드리는 말씀입니다.

그리스도인 대부분에게 하나님은 삶의 중심이 되지 못하고 계십니다. 우리의 일상적인 삶은 하나님을 태양으로 삼아 그분을 중심으로 돌아야 합니다. 그러나 우리는 하나님을 차고 이우는 달, 밤에 나가서도 신경조차 쓰지 않는 달과 같은 존재로 여깁니다.

그리스도인 대부분에게 하나님은 주변적인 존재입니다. 좋기는 하지만 부차적인 무수한 것들이 하나님의 자리를 대신하고 있습니다. 하나님의 영광을 이토록 주변적인 것으로 여기면서 하나님의 영광을 위한 결혼이 가능하다고 생각하는 것은, 밤하늘을 보지도 않으면서 별의 아름다움을 찬미하겠다는 것과 같습니다.

천 개의 문을 여는 열쇠

하나님을 알고, 하나님을 소중히 여기며, 다른 무엇보다 하나님의 영광을 더 귀히 여기는 것이 "하나님의 영광을 위한 결혼"을 가능하게 하는 열쇠입니다. 우리가 하나님께 최고로 만족할 때 우리 안에서 하나님이 최고로 영화롭게 되신다는 것은 다른 모든 관계에서 그렇듯 결혼에서도 진실입니다.

여기 천 개의 문을 여는 열쇠가 있습니다. 배우자와 건강 그리고 당신의 생명을 포함한(시 63:3) 세상 모든 것보다 하나님께 더 깊이 만족하는 것이 오래 참음의 근원입니다. 오래 참음 없이는 남편들이 그리스도처럼 사랑할 수 없고, 아내들이 그리스도의 신부인 교회처럼 순종할 수 없습니다.

에베소서 5장 22-25절은 남편들에게 그리스도에게서 리더십과 사랑에 대한 힌트를 얻으라고 말합니다. 아내들에게 하나님을 향한 교회의 헌신에서 복종과 사랑에 대한 힌트를 얻으라고 말합니다. 그런데 이 상보적인 사랑의 행위는, 그리스도 안에서 하나님의 모든 것에 깊이 만족하지 않는 한 지속 불가능합니다.

다시 말해, 두 분의 결혼에는 하나님의 영광이 빛을 발하는 두 가지 차원이 있습니다. 하나는 구조적인 차원으로, 남편과 아내가 하나님이 의도하신 역할에 충실할 때 이루어집니다. 그리스도와 같이 인도하는 남편의 역할과 남편의 인도를 따르는 아내의 역할을 충실히 수행할 때, 그리스도 안에 있는 하나님의 사랑과 지혜의 영광이 세상에 드러납니다.

그러나 이 역할들이 하나님이 의도하신 대로 이루어지려면, 하나님의 영광이 빛을 발해야 하는, 보다 깊고 근본적인 또 다른 차원이 있습니다. 완벽하지 않은 아내를 사랑하고 완벽하지 않은 남편을 존경하려면 매일, 매달, 매년 자아를 죽이고 자기를 부인해야 합니다. 이러한 마음과 능력은 하나님에 대한 깊은 만족에서 나옵니다. 남편과 아내의 서로를 향한 사랑은 결혼보다 '하나님을 더' 기뻐하는 마음 없이는 하나님을 영화롭게 하지 못합니다.

결혼보다 하나님의 영광을 소중히 여길 때, 즉 바울처럼 "모든 것을 해로 여김은 내 주 그리스도 예수를 아는 지식이 가장 고상하기 때문"(빌 3:8)이라고 말할 수 있을 때, 결혼은 하나님의 영광을 위해 보존되고 하나님의 영광을 위해 완성될 것입니다. 결혼은 그때 비로소 하나님의 영광을 드러낼 것입니다.

마지막으로, 제가 결혼하는 아들을 위해 쓴 시를 나누며 이 책을 마무리하려 합니다.

더 많이 사랑하고 더 적게 사랑하라

우리가 사랑하고

그 안에서 우리가 살아가며

우리의 반석이 되신 하나님이

이제 기쁨의 눈물로

너를 떠나보내라 하시는구나.

"이러므로 남자가 부모를 떠나

그의 아내와 합하여

둘이 한 몸을 이룰지로다."

오늘 하나님이 주시는 이 말씀에

우리는 기꺼이 순종하려 한다.

우리가 너를 위해 올린

그 모든 기도에 합하는 신부를

하나님이 네게 주셨기에.

너는 시를 선물로 달라 했지.

시인이나 예술가이기보다 목사인 내게.

나는 벅찬 마음으로 적는다.

이 감미로운 고충을 기쁨으로 받아들이며.

나의 오랜 친구인 운율이여,

다시 한 번 부탁하네.

나의 이 감정들을

따뜻하고 오래 기억될 시로 만들어다오.

그리하여 나는 이 오랜 친구와 함께

아버지의 가슴에서 우러나오는

사랑과 칭찬과 조언의 홍수를

예술의 강둑 사이에서 흐르게 했다.

아들아, 여기 그 강의 한 줄기인 시가 있다.

사랑의 놀라운 역설에 대한.

아들아, 아내를 축복한다면,

아내를 더 많이 사랑하고

아내를 더 적게 사랑하렴.

하나님의 놀라운 섭리로 부를 얻어

인생이라는 무대를

편안하게 활보하게 되더라도

부보다 아내를, 아내를 더 사랑하렴.

살면서 많은 친구들을 사귀고

친구들에 대한 크고 작은 애정으로

아름다운 천을 짜겠지.

그래도 친구보다 아내를, 아내를 더 사랑하렴.

피곤에 지친 나머지

'나 자신을 돌보자. 자유와 평안을 누리자.'

이런 생각이 들 때, 기억하렴.

아내는 이 모두보다 우선한단다!

그러므로 평안보다 아내를, 아내를 더 사랑하렴.

부부의 침소가 정결하고

아내가 아닌 이에게 끌리지 않으며

인생의 모든 것이 환희로 가득할 때

이 모두를 비밀스럽게 간직하고

잠자리보다 아내를, 아내를 더 사랑하렴.

너의 세련된 취향이 예술 작품에 감동할 때
이 모든 작품은 가슴에서 태어났음을 기억하고
예술보다 아내를, 아내를 더 사랑하렴.

언젠가 너 자신이 빚어낸 예술 작품이
평단의 찬사를 받고
상상 못 할 고가에 팔릴 때
유명해지기를 경계하렴.
그리고 명예보다 아내를, 아내를 더 사랑하렴.

놀랍게도 하나님이 알 수 없는 계획으로
위대한 대의에 전 생애를 걸라 부르시면
두려움 때문이건 사랑 때문이건
주저하지 말거라.
그리고 죽음의 문 앞에 섰을 때
목숨보다 아내를, 아내를 더 사랑하렴.

그래, 목숨보다 아내를, 아내를 더 사랑하렴.
오, 네가 아내라고 부르는 그 여인을 사랑하렴.

아내를 지상 최고의 선물로 사랑하렴.
하지만 그 이상으로 사랑하지는 말거라.
네 사랑이 헛된 행복이 되지 않도록
아내보다 하나님을, 하나님을 더 사랑하렴.

하나님의 형상으로 만들어진
네가 사랑하는 그 여인을
우상처럼 숭배하지 말거라.
이는 현명하지도 다정하지도 않은 일.
네가 세상에서 가장 사랑하는 사람에게
가치를 더하시는 그분, 하나님을
그 여인보다 더 사랑하렴.

이제 결혼 서약을 통해 그녀는
네 마음속 두 번째 자리에서
너의 깊은 사랑이 또한 은혜임을 알리라.
너의 깊은 애정이
하나님이 주신 약속들 아래로
자유롭게 흐르는 것을 알게 되리라.

'천상의 기쁨'이라는 시냇가에

뿌리내린 그 사랑은

결코 사라지지 않으리.

그 천상의 기쁨을

네가 목숨보다 소중히 여기는

아내에게 주렴.

아내에게 줄 수 있는 최고의 선물은

아내의 목숨보다 하나님을 더 사랑하는 것.

그리하여 나는 이제 말한다.

아내를 축복하거라.

아내를 더 적게 사랑함으로써

더 많이 사랑하기를.

1995년 5월 29일
로셸 앤 오르비스와 결혼하는 카르스텐 루크 파이퍼에게

_____가 _____에게 ♥

_____가 _____에게 ♥

 존 파이퍼 목사님의 설교 "Marriage, Singleness, and the Christian Virtue of Hospitality"로 연결됩니다.

부록 1.

보다 더 중요하고 영원한 가족

⁷만물의 마지막이 가까이 왔으니 그러므로 너희는 정신을 차리고 근신하여 기도하라 ⁸무엇보다도 뜨겁게 서로 사랑할지니 사랑은 허다한 죄를 덮느니라 ⁹서로 대접하기를 원망 없이 하고 ¹⁰각각 은사를 받은 대로 하나님의 여러 가지 은혜를 맡은 선한 청지기 같이 서로 봉사하라 ¹¹만일 누가 말하려면 하나님의 말씀을 하는 것 같이 하고 누가 봉사하려면 하나님이 공급하시는 힘으로 하는 것 같이 하라 이는 범사에 예수 그리스도로 말미암아 하나님이 영광을 받으시게 하려 함이니 그에게 영광과 권능이 세세에 무궁하도록 있느니라 아멘

_베드로전서 4장 7-11절

이 부록을 쓴 것은 결혼한 사람들과 독신자들이 서로를 대접함으로써 그리스도를 더욱 크게 드러내기를 바라는 마음에서입니다. 결국 거듭남과 믿음으로 이루어진 하나님의 가족이 결혼과 출산, 입양으로 이루어진 가족보다 더욱 중요하고 영원하지 않을까요? 저는 그렇다고 생각합니다.

세상은 이 영적이고 영원한 가족(교회)의 구성원이 서로 어떻게 관계 맺는지 보며, 그리스도를 지향하는 삶과 그리스도에 의해 정의되는 관계가 무엇인지 알게 될 것입니다. 저는 결혼한 사람들이 독신자들을 그들의 삶 가운데 받아들이고, 독신자들이 결혼한 사람들을 그들의 삶 가운데 받아들임으로써, 그리스도가 더욱 크게 드러나기를 원합니다.

예수님은 "누구든지 제자의 이름으로 이 작은 자 중 하나에게 냉수 한 그릇이라도 주는 자는 내가 진실로 너희에게 이르노니 그 사람이 결단코 상을 잃지 아니하리라"(마 10:42)고 말씀하셨습니다. 물론 예수님은 원수를 사랑하라고도 말씀하셨고 (마 5:44), 바울도 원수에게 물을 주라고 했습니다(롬 12:20). 이런 사랑은 상을 받습니다.

그런데 여기서 예수님은 그가 예수님의 제자라면 그 이유만으로 그에게 친절을 베풀라고 말씀하십니다. 이 또한 상을 받는 사랑입니다. 다시 말해, 두 분이 결혼해서 사는 동안 누군가가 예수님의 제자(영원한 가족에 속한 형제나 자매)임을 알게 되었다면 예수님을 위해 그 사람에게 친절을 베푸십시오.

여기서 초점은 예수님께 맞추어집니다. 예수님은 "제자의 이름으로", 즉 그가 예수님의 제자라는 이유만으로 친절을 베풀라고 하셨습니다. 두 분이 '그런 이유에서' 예수님의 제자에게 물을 건넬 때, 그리스도께서는 특별한 방식으로 영광을 받으십니다. 예수님은 우리에게 말씀하십니다. "나를 위해 그들에게 친절을 베풀라."

하나님의 영광을 위한 물질세계

앞에서도 언급한 질문입니다. 하나님은 왜 우리에게 몸을 주시고 또 물질적인 우주를 만드셨을까요? 아주 중요한 질문입니다. 하나님은 왜 우리 몸을 죽은 자 가운데서 다시 살리시고 새롭게 하실까요? 주님이 다시 오실 때 하나님은 왜 이 세상을 우리가 새로운 몸으로 영원히 살 곳으로 만드실까요?

하나님이 크게 찬양받고자 하신다면("여호와는 위대하시니 지극히 찬양할 것이요"[시 96:4]), 왜 몸 없이 영혼만 있는, 또 하나님께만 말할 수 있고 서로에게는 말할 수 없는 천사들만 만들지 않으셨을까요? 왜 몸을 가진 인간들을 만드시고, 인간들이 서로 의사소통을 하게 하셨을까요? 왜 나무와 땅과 물과 불과 바람과 사자와 양과 백합과 새와 빵과 포도주를 만드셨을까요?

이 질문들에 대한 놀랍고도 심오한 답이 몇 가지 있지만, 제가 말하고 싶은 답은 이것입니다. 하나님이 몸과 물질적인 것들을 만드신(그리고 결혼을 만드신) 이유는, 그것들이 올바르게 이해되고 올바르게 사용된다면 하나님의 영광이 보다 완전하게 드러날 것이기 때문입니다.

- 하늘을 보십시오. 하나님의 영광을 선포하고 있습니다(시 19:1 참조).
- 공중의 새와 들의 백합화를 보십시오. 하나님의 선하심과 돌보심을 보다 잘 알 수 있습니다(마 6:26-28 참조).

- 하나님이 지으신 것들 안에서 그의 "보이지 아니하는 것들 곧 그의 영원하신 능력과 신성"(롬 1:20)을 볼 수 있습니다.
- 결혼 관계는 그리스도와 교회의 관계를 보여 줍니다(엡 5:23-25 참조).
- 성경은 우리가 "이 떡을 먹으며 이 잔을 마실 때마다 주의 죽으심을 그가 오실 때까지 전하는 것"(고전 11:26)이라고 전합니다.
- "그런즉…… 먹든지 마시든지 무엇을 하든지 다 하나님의 영광을 위하여"(고전 10:31) 하십시오.

물질세계는 그 자체가 목적이 아닙니다. 물질세계는 하나님의 영광을 드러내기 위해, 그리고 우리가 하나님을 알고 그분을 보다 존귀하게 여기도록 하기 위해 만들어졌습니다.

음식과 성(性)을 거룩하게 하십시오

우리의 몸 그 자체는 선한 것입니다. 하나님은 그분의 영광을 드러내기 위해 우리의 몸을 만드셨습니다. 그분은 우리가 몸을 성별하고 몸으로 하나님을 예배하기를, 다시 말해 몸을 하나님과의 관계 안에서 보고 하나님을 존귀하게 여기는 방식으로 사용하기를 바라십니다. 이 모두가 결혼 및 독신 생활과 직접적인 연관이 있습니다.

이는 우리가 성(性)과 음식을 우상화하지 않게 합니다. 성과 음식은 신이 아닙니다. 그것들은 하나님을 영화롭게 하기 위해 하나님이 만드신 것들입니다. 이 사실은 우리가 성과 음식을 악한 것으로 여겨 두려워하지 않게 합니다. 성과 음식은 악이 아닙니다. 성과 음식은 예배의 도구이며, 그리스도를 존귀하게 여기는 방식입니다.

디모데전서 4장 1-5절을 봅시다. 이 본문은 육체적인 욕구나 성의 의미와 관련해 성경에서 가장 중요한 본문 중 하나입니다.

"그러나 성령이 밝히 말씀하시기를 후일에 어떤 사람들이 믿음에서 떠나 미혹하는 영과 귀신의 가르침을 따르리라 하셨으니 자기 양심이 화인을 맞아서 외식함으로 거짓말하는 자들이라 혼인을 금하고 어떤 음식물은 먹지 말라고 할 터이나 음식물은 하나님이 지으신 바니 믿는 자들과 진리를 아는 자들이 감사함으로 받을 것이니라 하나님께서 지으신 모든 것이 선하매 감사함으로 받으면 버릴 것이 없나니 하나님의 말씀과 기도로 거룩하여짐이라."

성과 음식은 1세기 소아시아와 21세기 미국의 가장 거대한 우상입니다. 그런데 성과 음식이라는 우상의 문제를 단순히 금욕이나 회피로 '해결'하려는 사람들에게 하나님은 어떻게 반응하십니까? 하나님은 이러한 교사들은 거짓말하는 자들이고 귀신을 따르는 자들이라고 말씀하십니다.

하나님의 해결책은 다릅니다. 하나님이 창조하신 모든 것이 선합니다. 따라서 감사함으로 받고 하나님의 말씀과 기도로 거룩하게 하면 거부할 것이 하나도 없습니다. 기도 안에서 하나님의 말씀에 따라 사용함으로써 성과 음식을 거룩하게 하십시오.

결혼한 사람도 독신자도
그리스도를 존귀하게 여기십시오

결혼 생활도, 독신 생활도 우상화하거나 두려워할 것이 아닙니다. 결혼 생활이 그리스도와 교회 간 언약적 사랑의 물리적 비유이기에 그것만 미화할 것이 아닙니다. 독신 생활이 거듭남과 믿음으로(결혼과 출산이 아닌) 자라가는 하나님의 가족의 영적 본성에 대한 물리적 비유이기에 그것만 미화할 것도 아닙니다.

결혼 생활과 독신 생활 모두 우상숭배적일 수 있습니다. 결혼한 사람은 배우자나 성, 자녀를 우상화할 수 있습니다. 또는 수입은 두 배이지만 자녀는 없는 상태의 경제력을 우상화할 수 있습니다. 독신자들은 자율성과 독립성을 우상화할 수 있습니다. 독신자들은 결혼한 사람들을 성적 유혹과 타협한 2등 그리스도인으로 여길 수 있습니다. 결혼한 사람들은 독신자들을 미성숙하고 책임감이 없으며 무능한 사람으로 생각할 수 있습니다. 심지어는 동성애자라고 생각할 수도 있습니다.

제가 분명히 하고 싶은 것은, 결혼 생활을 통해서도 그리스도를 드높일 수 있고 독신 생활을 통해서도 그리스도를 드높일 수 있다는 것입니다. 결혼 생활과 독신 생활에는 모두 그리스도를 존귀하게 하는 동시에 우리의 몸과 몸의 욕구들을 사용하는 방법들이 있습니다.

베드로전서 본문으로 돌아가기 전에 결혼과 관련한 그 유명한 구절, 즉 "만일 절제할 수 없거든 결혼하라 정욕이 불 같이 타는 것보다 결혼하는 것이 나으니라"(고전 7:9)를 살펴보겠습니다. 우선 이 말씀은 남자와 여자 모두를 향한 말씀입니다(8절). 그런데 이 말씀은 결혼의 일차적인 목적이 성적 욕구를 충족하는 데 있다는 뜻일까요? 결코 그렇지 않습니다. 에베소서 5장의 전체적인 내용을 고려하면 바울이 결코 그런 뜻으로 말하지 않았음을 알 수 있습니다.

사람에게는 성적 욕구가 있습니다. 우리는 '모두' 다른 육체적인 욕구들을 예배의 수단으로 만들 때처럼 성적 욕구에 대해서도 그렇게 해야 합니다. 즉,

1. 성적 욕구를 하나님의 말씀에 일치시켜야 합니다.
2. 성적 욕구를 사랑과 배려라는 보다 높은 본 아래 두어야 합니다.
3. 육체적 쾌락의 음악을 영적 예배의 음악으로 바꾸어야 합니다.
4. 모든 신경 안에서 메아리치는 하나님의 선하심에 귀를 기울여야 합니다.
5. 배우자의 기쁨을 자신의 기쁨으로 여김으로써 즐거움이 배가 되게 해야 합니다.

6. 자격이 없는 자에게 이 같은 즐거움을 주신 하나님께 마음 깊이 감사드려야 합니다.

서로를 대접함으로써 그리스도를 더욱 크게 드러내십시오

이제 이 부록을 쓴 동기, 즉 사람들이 서로 대접함으로써 그리스도를 더욱 크게 드러내기를 바라는 마음으로 돌아가겠습니다. 베드로전서 4장 7-11절을 간략하게 살펴본 다음, 본문에 담긴 단순하면서도 분명한 시사점들을 보려 합니다. 하나님이 그분의 영광과 우리의 기쁨을 위해 우리를 변화시키시는 데 이 말씀을 강력하게 사용하시기를 기도합니다.

"만물의 마지막이 가까이 왔으니"(7절)

메시아의 오심과 더불어 세상의 마지막이 오고 있습니다(고전 10:11, 히 12:2). 하나님의 나라가 임했습니다(눅 17:21). 이제 곧 종말이 세상을 휩쓸 것입니다. 그러기에 베드로는 예수님의 가르침을 따라 "그러므로 너희는 정신을 차리고 근신하여 기도하라"(7절)고 말했습니다. 이는 곧 우리가 마지막 때 얼굴을 대면하여 보게 되기를 바라는 그분과 개인적인 관계를 쌓아 가라는 말씀입니다.

그리스도에게서 멀어지지 마십시오. 그리스도가 낯설어지지 않게 하십시오. 그리고 장차 그 모든 괴로움을 피하고 인자 앞에 서도록 이 마지막 때에 당신에게 필요한 도움을 구하십시오(눅 21:36 참조). 저절로 기도하게 되리라 생각하지 말고 "정신을 차리고 근신하여 기도"하십시오.

"무엇보다도 뜨겁게 서로 사랑할지니"(8절)

다음으로 8절 말씀을 보겠습니다. "무엇보다도 뜨겁게 서로 사랑할지니 사랑은 허다한 죄를 덮느니라." 사랑이 가장 중요합니다. 마지막이 가까이 올수록 사랑이 더욱 필요합니다. 왜 그렇습니까?

마지막 때 받을 고통과 스트레스와 시련으로 사람들 사이의 관계가 힘들어질 것이기 때문입니다. 그러나 그때 세상은 우리가 참 제자임을 알게 될 것입니다. "너희가 서로 사랑하면 이로써 모든 사람이 너희가 내 제자인 줄 알리라"(요 13:35). 그때 우리는 서로의 잘못과 단점을 덮어 주고 참아 주게 될까요, 아니면 분노에 사로잡히게 될까요?

"서로 대접하기를 원망 없이 하고"(9절)

9절이 이 같은 사랑을 보여줍니다. 만약 우리가 뜨겁게 서로 사랑하고 사랑이 허다한 죄를 덮는다면, 우리는 그리 쉽게 원망하지 않을 것입니다.

사랑은 우리의 무수한 원망을 덮습니다. 그러므로 원망 없이 서로 대접하는 것은 마지막 때 그리스도인에게 주어진 소명입니다. 스트레스가 심하고, 덮어야 할 죄와 원망할 일이 많은 마지막 때에 우리가 해야 할 일은 서로를 대접하는 것이라고 베드로는 말합니다.

우리는 가정을 개방해야 합니다. 우리의 마음이 열려 있기 때문입니다. 우리의 마음이 열려 있는 것은 하나님의 마음이 우리에게 열려 있기 때문입니다.

사도 요한은 하나님의 사랑을 서로에 대한 우리의 사랑과 연결했습니다. "그가 우리를 위하여 목숨을 버리셨으니 우리가 이로써 사랑을 알고 우리도 형제들을 위하여 목숨을 버리는 것이 마땅하니라 누가 이 세상의 재물을 가지고 형제의 궁핍함을 보고도 도와 줄 마음을 닫으면 하나님의 사랑이 어찌 그 속에 거하겠느냐"(요일 3:16-17).

"하나님의 여러 가지 은혜를 맡은 선한 청지기 같이"(10절)

마지막으로, 우리가 가정에서 함께 모이면 무슨 일이 일어나는지 간단히 말씀드리겠습니다. "각각 은사를 받은 대로 하나님의 여러 가지 은혜를 맡은 선한 청지기 같이 서로 봉사하라"(10절).

저는 "하나님의 여러 가지 은혜를 맡은 선한 청지기"라는 말을 참 좋아합니다. 모든 그리스도인은 하나님의 다양한 은혜를 맡은 청지기입니다. 우리가 살아가야 할 얼마나 훌륭한 이유인지요!

"하나님이 능히 모든 은혜를 너희에게 넘치게 하시나니 이는 너희로 모든 일에 항상 모든 것이 넉넉하여 모든 착한 일을 넘치게 하게 하려 하심이라"(고후 9:8).

만약 당신이 힘도 없고 부유하지도 않아서 대접하기가 두렵다면, 그래서 좋습니다. 당신은 누구에게도 위협이 되지 못할 것이고, 그럴수록 더욱더 하나님의 은혜를 의지하게 될 것입니다. 자신의 행위가 아닌 그리스도의 행위를 의지하게 될 것입니다. 그리고 아, 사람들이 당신을 통해 얼마나 큰 축복을 받게 될까요!

그리스도가 우리를 환대하셨듯
서로 환대하십시오

여기 '환대'라는 그리스도인의 덕목이 있습니다. 이는 원망 없이 서로를 대접하는 것으로, 마지막 날에 그리스도를 드높이는 사랑의 전략입니다. 당신이 그리스도께 속했다면, 즉 믿음으로 구원을 얻게 하시는 그분의 환대를 받았다면, 이와 같은 환대를 다른 사람들에게 확장해야 합니다. "그러므로 그리스도께서 우리를 받아 하나님께 영광을 돌리심과 같이 너희도 서로 받으라"(롬 15:7).

우리는 날마다 거저 주어지는 은혜로 삽니다. 그러니 선한 청지기가 되어 사람들을 대접해야 합니다. 가정을 개방하고 사람들을 초대하여 대접하십시오. 결혼한 사람들과 독신자들 모두를 초대하십시오. 소그룹 모임이나 주일 저녁 식사 모임, 피크닉 등 다양한 모임에서 사람들을 대접하십시오.

요란하게 할 필요는 없습니다. 그냥 자연스럽게 하십시오. 그리고 다양한 사람들, 80대와 70대와 60대와 50대와 40대와 30대와 20대, 남자와 여자, 결혼 경험이 있는 사람들과 결혼 경험이 없는 사람들, 이혼한 사람들과 사별한 사람들 등이 모일 수 있음을 잊지 마십시오. 그리스도인처럼 생각하십시오. 이들은 혈연으로 맺어진 가족보다 훨씬 더 깊이 관계를 맺을 영원한 가족입니다.

저는 주님께서 우리 가운데 이 아름다운 일을 하시기를 기도합니다. 모든 것의 마지막이 가까이 왔습니다. 깨어 기도합시다. 서로 사랑합시다. 하나님의 다양한 은혜를 맡은 선한 청지기가 됩시다. 원망 없이 서로 대접합시다.

"그리스도께서 우리를 받아 하나님께 영광을 돌리심과 같이 너희도 서로 받으라"(롬 15:7).

Preparing for marriage

부록 2.

결혼을 준비하며 점검할 질문들

WEEK 1 신앙적 관점
WEEK 2 예배와 헌신
WEEK 3 남편과 아내
WEEK 4 자녀
WEEK 5 생활
WEEK 6 여가 시간
WEEK 7 갈등 해결
WEEK 8 일
WEEK 9 친구
WEEK 10 건강
WEEK 11 차이

WEEK1 신앙적 관점

1. 하나님과 그 밖의 모든 것에 대해 어떤 생각을 가지고 있습니까? 다양한 성경 교리 가운데 두 분이 무엇을 지지하는지 알아보십시오. 웹사이트 www.desiringGod.org에 있는 "신앙에 대한 확인"(Affirmation of Faith)이라는 글은 좋은 출발점이 될 것입니다.

- **남편**

- **아내**

2. 두 분의 관점이 어떻게 형성되었는지 알아보십시오. 두 분이 신앙을 갖게 되기까지의 과정은 어떠했습니까? 두 분은 성경을 어떻게 다루십니까?

- **남편**

- **아내**

WEEK1 결혼 준비 리스트

[함께 할 일]

-
-
-

[신랑이 할 일]

-
-
-

[신부가 할 일]

-
-
-

"An Affirmation of Faith"로 연결됩니다.

WEEK2 예배와 헌신

1. 지역 교회의 일원으로 공동 예배를 드리는 것은 두 분에게 얼마나 중요합니까? 그 밖의 교회 활동에 참가하는 것은 어떻습니까? 교회에서 활발하게 활동한다는 것은 무엇을 뜻합니까?

- **남편**

- **아내**

2. 작은 후원 단체에 속하는 것은 얼마나 중요합니까?

- **남편**

- **아내**

3. 경건의 시간에 무엇을 합니까?(기도, 성경 읽기, 묵상, 암송 등)

- **남편**

- **아내**

4. 가정 예배는 어떤 식으로 진행하고, 누가 진행할 계획입니까?

- **남편**

- **아내**

5. 가정 예배를 적절한 방식으로 드리고 있습니까? 두 분의 삶과 미래에 대해 함께 기도하며 말씀을 묵상하고 있습니까?

• 남편

• 아내

WEEK2 결혼 준비 리스트

[함께 할 일]
-
-
-

[신랑이 할 일]
-
-
-

[신부가 할 일]
-
-
-

WEEK3 남편과 아내

1. 성경에서 그리고 두 분의 결혼 생활에서 '머리 됨'과 '복종'은 무엇을 의미합니까?

- **남편**

- **아내**

2. 부부 중 한 사람이 이성과 단둘이 있게 된다면 어떻게 하겠습니까?

- **남편**

- **아내**

3. 가사 분담은 어떻게 할 계획입니까?(재정 관리, 청소, 요리, 설거지, 쓰레기 버리기, 자동차 관리, 장보기 등)

- **남편**

- **아내**

4. 평상시 저녁 시간은 어떻게 보내는 것이 이상적입니까?

- **남편**

- **아내**

5. 부부 관계는 누가 시작하고 또 얼마나 자주 할 계획입니까?

• **남편**

• **아내**

6. 통장 관리는 누가 하면 좋겠습니까?

• **남편**

• **아내**

WEEK3 결혼 준비 리스트

[함께 할 일]
-
-

[신랑이 할 일]
-
-

[신부가 할 일]
-
-

WEEK4 자녀

1. 자녀를 낳을 계획입니까? 낳는다면 언제 낳을 계획입니까? 이유는?

- **남편**

- **아내**

2. 자녀를 몇 명이나 낳을 계획입니까? 몇 살 터울로 낳을 계획입니까?

- **남편**

- **아내**

3. 입양을 고려하고 있습니까?

- **남편**

- **아내**

4. 자녀를 어떤 분위기에서 양육할 계획입니까? 체벌과 훈육을 어떻게 구별할까요?

- **남편**

- **아내**

5. 어린 자녀를 훈육하는 적절한 방법은 무엇입니까? 아이의 잘못을 몇 번까지 봐주며 또 몇 살까지 봐주겠습니까?

- 남편

- 아내

6. 자녀와 함께하는 시간에는 무엇을 하면 좋겠습니까? 아이를 재울 때 무엇을 해 주면 좋을까요?

- 남편

- 아내

7. 자녀에게 어떻게 애정 표현을 하면 좋겠습니까?

- 남편

- 아내

8. 자녀 교육은 어떻게 할 계획입니까? 공립학교에 보낼 계획입니까? 홈스쿨링 또는 대안학교를 생각하고 있습니까? 아니면 기독교 학교에 보낼 계획입니까?

- 남편

- 아내

WEEK 4 결혼 준비 리스트

[함께 할 일]
-
-
-

[신랑이 할 일]
-
-
-

[신부가 할 일]
-
-
-

WEEK5 생활

1. 집을 매입할 계획입니까, 전세를 얻을 계획입니까? 이유는?

- 남편

- 아내

2. 어느 동네에 살 계획입니까? 그 이유는?

- 남편

- 아내

3. 차를 살 계획입니까? 그렇다면 몇 대를 살 계획입니까? 새 차, 혹은 중고차를 살 계획입니까?

- 남편

- 아내

4. 휴가는 어떻게 보내는 것이 적절하다고 생각합니까?

- 남편

- 아내

5. 소비 스타일은 어떻습니까? 헌금은 얼마나 할 계획입니까?

- **남편**

- **아내**

6. 주말과 휴일은 어떻게 보낼 계획입니까?

- **남편**

- **아내**

7. 큰 지출이 있을 때 어떻게 결정하면 좋겠습니까?

- **남편**

- **아내**

8. 의류 구입은 어떻게 할 계획입니까? 새 옷을 사겠습니까, 중고 의류를 사겠습니까? 유명 상표의 의류를 구입하겠습니까? 그 이유는?

- **남편**

- **아내**

WEEK5 결혼 준비 리스트

[함께 할 일]
-
-
-

[신랑이 할 일]
-
-
-

[신부가 할 일]
-
-
-

WEEK6 여가 시간

1. 여가 활동에 얼마를 지출할 계획입니까?

- **남편**

- **아내**

2. 외식은 얼마나 자주 하며 또 어디서 하면 좋겠습니까?

- **남편**

- **아내**

3. 두 분은 어떤 취미활동을 합니까? 캠핑을 다니거나, 컴퓨터 게임을 합니까? 운동 기구를 설치할 계획입니까? 취미 용품은 얼마나 어떻게 구입하겠습니까?

- **남편**

- **아내**

4. 텔레비전을 구입할 계획입니까? 그렇다면 어디에 설치하고 싶습니까? 어떤 프로그램을 시청하고 또 얼마나 시청할 계획입니까?

- **남편**

- **아내**

5. 영화를 고를 때 어떤 기준으로 고릅니까? 자녀에게 영화를 보여 주는 방침이 있습니까?

• 남편

• 아내

WEEK6 결혼 준비 리스트

[함께 할 일]
-
-
-

[신랑이 할 일]
-
-
-

[신부가 할 일]
-
-
-

WEEK7 갈등 해결

1. 두 분은 언제 화가 납니까?

- **남편**

- **아내**

2. 짜증이나 분노를 어떻게 다룹니까?

- **남편**

- **아내**

3. 무엇을 해야 할지, 그리고 문제가 얼마나 심각한지 둘의 의견이 서로 다를 때 어떻게 하면 좋겠습니까?

- **남편**

- **아내**

4. 서로 화를 풀지 않았는데 잠자리에 들 수 있습니까?

- **남편**

- **아내**

5. 친구나 상담가의 도움을 받는 것을 어떻게 생각합니까?

· 남편

· 아내

WEEK7 결혼 준비 리스트

[함께 할 일]
-
-
-

[신랑이 할 일]
-
-
-

[신부가 할 일]
-
-
-

WEEK8 일

1. 누가 주로 가족의 생계를 책임지겠습니까?

- **남편**

- **아내**

2. 맞벌이를 할 계획입니까? 자녀가 생긴 후에는 어떻게 하겠습니까?

- **남편**

- **아내**

3. 자녀를 어린이집에 맡기는 것에 대해 어떻게 생각합니까?

- **남편**

- **아내**

4. 어디에 살지 결정하는 데 중요한 요소는 무엇입니까? 교회 또는 가족입니까? 직장이라면 누구의 직장입니까?

- **남편**

- **아내**

WEEK8 결혼 준비 리스트

[함께 할 일]

-
-
-

[신랑이 할 일]

-
-
-

[신부가 할 일]

-
-
-

WEEK9 친구

1. 배우자 없이 친구들과 어울리는 게 좋을 때가 있습니까?

- **남편**

- **아내**

2. 자신이 좋아하는 친구를 배우자가 싫어한다면 어떻게 하겠습니까?

- **남편**

- **아내**

WEEK9 결혼 준비 리스트

[함께 할 일]

-
-
-

[신랑이 할 일]

-
-
-

[신부가 할 일]

-
-
-

WEEK 10 건강

1. 결혼 생활에 영향을 미칠 만한 질병을 앓고 있거나 앓은 적이 있습니까?(알레르기, 암, 섭식 장애, 성병, 우울증, 잔병치레, 통증 등)

- 남편

- 아내

2. 신유를 믿습니까? 기도는 의학적인 치료와 어떤 관계가 있습니까?

- 남편

- 아내

3. 운동과 건강한 식단에 대해 어떻게 생각합니까?

- 남편

- 아내

4. 건강에 안 좋은 습관이 있습니까?

- 남편

- 아내

WEEK10 결혼 준비 리스트

[함께 할 일]
-
-
-

[신랑이 할 일]
-
-
-

[신부가 할 일]
-
-
-

WEEK11 차이

1. 사람들 간의 차이를 어떻게 다루며, 서로 다른 사람들 속에서 어떻게 살아갑니까?

- **남편**

- **아내**

2. 관계를 망치지 않으면서 서로의 다른 점을 유지할 방법은 무엇이 있습니까?

- **남편**

- **아내**

WEEK11 결혼 준비 리스트

[함께 할 일]

-
-
-

[신랑이 할 일]

-
-
-

[신부가 할 일]

-
-
-

사명선언문

너희가 흠이 없고 순전하여……세상에서 그들 가운데 빛들로
나타내며 생명의 말씀을 밝혀 _ 빌 2:15-16

1. 생명을 담겠습니다
만드는 책에 주님 주신 생명을 담겠습니다.
그 책으로 복음을 선포하겠습니다.

2. 말씀을 밝히겠습니다
생명의 근본은 말씀입니다.
말씀을 밝혀 성도와 교회의 성장을 돕겠습니다.

3. 빛이 되겠습니다
시대와 영혼의 어두움을 밝혀 주님 앞으로 이끄는
빛이 되는 책을 만들겠습니다.

4. 순전히 행하겠습니다
책을 만들고 전하는 일과 경영하는 일에 부끄러움이 없는
정직함으로 행하겠습니다.

5. 끝까지 전파하겠습니다
모든 사람에게, 땅 끝까지, 주님 오시는 그날까지
복음을 전하는 사명을 다하겠습니다.

서점 안내

광화문점 서울시 종로구 새문안로 69 구세군회관 1층
02)737-2288 / 02)737-4623(F)

강남점 서울시 서초구 신반포로 177 반포쇼핑타운 3동 2층
02)595-1211 / 02)595-3549(F)

구로점 서울시 동작구 시흥대로 602, 3층 302호
02)858-8744 / 02)838-0653(F)

노원점 서울시 노원구 동일로 1366 삼봉빌딩 지하 1층
02)938-7979 / 02)3391-6169(F)

일산점 경기도 고양시 일산서구 중앙로 1391 레이크타운 지하 1층
031)916-8787 / 031)916-8788(F)

의정부점 경기도 의정부시 청사로47번길 12 성산타워 3층
031)845-0600 / 031)852-6930(F)

인터넷서점 www.lifebook.co.kr